世界500强企业精细化管理工具系列

财务管理
实用流程·制度·表格·文本

王凤 编著

实战精华版

化学工业出版社
·北京·

《财务管理实用流程·制度·表格·文本》一书从规范化管理的基础——流程、制度、表格、文本入手解读,分四个部分30章导入了财务管理流程、制度、表格、文本的模板和示例。财务管理流程部分包括行投资管理流程、筹资管理流程、预算管理流程、资产管理流程、成本控制管理流程、财务内审管理流程、税务管理流程、会计核算管理流程、资金管理流程、收益分配流程;财务管理制度部分包括投资筹资管理制度、预算管理制度、资产管理制度、账款管理制度、成本费用管理制度、税务管理制度、财务稽核管理制度、会计核算管理制度;财务管理表格部分包括投资管理表格、筹资管理表格、预算管理表格、资产管理表格、账款管理表格、成本费用管理表格、税务管理表格、财务稽核管理表格;财务管理文本部分包括筹资融资文本、财务预算与计划文本、财务分析与评估文本、财务报告文本。

本书进行模块化设置,内容实用性强,着重突出可操作性,为读者提供了实用的流程设置、制度范本、表单模板、文本参考。本书可以作为会计、出纳、财务主管等进行管理的参照范本和工具书,也可供高校教师和专家学者做实务类参考指南。

图书在版编目(CIP)数据

财务管理实用流程·制度·表格·文本/王凤编著.
—北京:化学工业出版社,2020.1
(世界500强企业精细化管理工具系列)
ISBN 978-7-122-35620-8

Ⅰ.①财… Ⅱ.①王… Ⅲ.①企业管理-财务管理-研究 Ⅳ.①F275

中国版本图书馆CIP数据核字(2019)第252595号

责任编辑:陈 蕾　　　　　　　　　　　　装帧设计:尹琳琳
责任校对:王 静

出版发行:化学工业出版社(北京市东城区青年湖南街13号　邮政编码100011)
印　　装:三河市延风印装有限公司
787mm×1092mm　1/16　印张18　字数377千字　2020年1月北京第1版第1次印刷

购书咨询:010-64518888　　　　　　　　售后服务:010-64518899
网　　址:http://www.cip.com.cn
凡购买本书,如有缺损质量问题,本社销售中心负责调换。

定　　价:88.00元　　　　　　　　　　　　　　　　版权所有　违者必究

前言 PREFACE

竞争是企业的生命,是促进企业发展的动力,在现代市场经济中,竞争正在全范围地跃动着。特别是在经济飞速发展的今天,不管哪一个行业,企业之间的竞争都是日趋激烈并更加残酷,企业将面临更加严峻的考验和挑战。为此,企业除了以全新的意识创造全新的竞争条件来适应全新的竞争环境外,还必须从企业内部进行梳理、挖潜,实施精益化管理,且辅以过程控制,才能在竞争中立于不败之地,并获得持续发展。

一个有长远发展规划的企业,就要实施管理流程化、制度化,付诸表格、文本等支持性文件,进行规范化运作管理。流程的目的在于使企业的内部管理通过流程的梳理,不断加以改进,以使企业的效率不断得以提升;制度是所有管理模式的基础,没有制度的约束,任何管理都难以向前推进,进行制度化建设和管理可以促进企业向规范化方向发展。

"依据流程工作,依据制度办事",便于企业员工掌握本岗位的工作技能,利于部门与部门之间,员工与员工之间及上下级之间的沟通,使员工最大限度地减少工作失误。同时,实施流程化、制度化管理更加便于企业对员工的工作进行监控和考核,从而促进员工不断改善和提高工作效率。

企业一旦形成流程化、制度化的管理运作,对于规范企业和员工的行为,树立企业的形象,实现企业的正常运营,促进企业的长远发展具有重大的意义。这样使企业的决策从根本上排斥"一言堂",企业决策必定程序化和规范化,排斥没有科学论证依据的决策,企业的决策过程一定会程序化、透明化,从而大大减少了决策风险。

《财务管理实用流程•制度•表格•文本》一书从规范化管理的基础——流程、制度、表格、文本入手解读,分四个部分30章导入了财务管理流程、制度、表格、文本的模板和示例。财务管理流程部分包括投资管理流程、筹资管理流程、预算管理流程、资产管理流程、成本控制管理流程、财务内审管理流程、税务管理流程、会计核算管理流程、资金管理流程、收益分配流程;财务管理制度部分包括投资筹资管理制度、预算管理制度、资产管理制度、账款管理制度、成本费用管理制度、税务管理制度、财务稽核管理制度、会计核算管理制度;财务管理表格部分包括投资管理表格、筹资管理表格、预算管理表格、资产管理表格、账款管理表格、成本费用管理表格、税务管理表格、财务稽核管理表格；财务管理文本部分包括筹资融资文本、财务预算与计划文本、财务分析与评估文本、财务报告文本。

本书进行模块化设置，内容实用性强，着重突出可操作性，为读者提供了实用的流程设置、制度范本、表单模板、文本参考。本书可以作为会计、出纳、财务主管等进行管理的参照范本和工具书，也可供高校教师和专家学者做实务类参考指南。

由于编著者水平有限，加之时间仓促、参考资料有限，书中难免出现疏漏与缺陷，敬请读者批评指正。

编著者

目录 CONTENTS

导读 规范化管理的基础——流程·制度·表格·文本

一、用流程来规范 ································ 2
二、用制度来约束 ································ 5
三、用表格来追溯 ································ 8
四、用文本来支持 ······························· 12

Part 1 财务管理流程

第1章 投资管理流程 ······························· 15
1-01 投资计划作业流程 ························· 15
1-02 投资项目评审流程 ························· 15
1-03 风险项目投资决策流程 ····················· 16
1-04 风险投资可行性分析流程 ··················· 16
1-05 风险投资运作流程 ························· 17

第2章 筹资管理流程 ······························· 18
2-01 筹资管理作业流程 ························· 18
2-02 银行借款作业流程 ························· 18
2-03 债券发行作业流程 ························· 19
2-04 租赁融资作业流程 ························· 19
2-05 股票融资作业流程 ························· 20

第3章 预算管理流程 ······························· 21
3-01 预算编制工作流程 ························· 21
3-02 部门预算审批流程 ························· 21
3-03 预算执行监控流程 ························· 22

3-04	预算调整作业流程	22
3-05	现金预算管理流程	23

第4章 资产管理流程 24

4-01	固定资产评估流程	24
4-02	现金清查作业流程	24
4-03	备用金清查作业流程	25
4-04	存货盘点流程	25
4-05	应收账款管理流程	26

第5章 成本控制管理流程 27

5-01	产品成本核算流程	27
5-02	产品成本定额流程	27
5-03	成本账务处理流程	28
5-04	成本费用管理流程	28
5-05	成本支出管理流程	29

第6章 财务内审管理流程 30

6-01	内审计划准备流程	30
6-02	内部控制测试审核流程	30
6-03	会计科目审计流程	31
6-04	内审报告编制流程	31
6-05	财务审计改善流程	32

第7章 税务管理流程 33

7-01	纳税筹划作业流程	33
7-02	纳税核算作业流程	33
7-03	纳税申报作业流程	34
7-04	补税实施作业流程	34
7-05	退税申请作业流程	35

第8章 会计核算管理流程 36

8-01	日记账作业流程	36
8-02	凭证账作业流程	36
8-03	总账科目作业流程	37
8-04	会计科目设置流程	37
8-05	会计报表编制流程	38

第9章 资金管理流程 39

9-01	借款审批作业流程	39
9-02	借款抵押作业流程	39

  9-03 资金预算作业流程 ················· 40
  9-04 资金调拨作业流程 ················· 40
  9-05 账款支付作业流程 ················· 41
 第 10 章 收益分配流程 ····················· 42
  10-01 利润分配计划编制流程 ············· 42
  10-02 利润分配实施流程 ················ 42
  10-03 股利分配计划流程 ················ 43
  10-04 股利分配实施流程 ················ 43

Part 2 财务管理制度

 第 11 章 投资筹资管理制度 ················· 45
  11-01 投资管理制度 ···················· 45
  11-02 公司资金筹集制度 ················ 48
 第 12 章 预算管理制度 ····················· 51
  12-01 预算管理制度 ···················· 51
  12-02 资金预算管理办法 ················ 58
  12-03 费用预算管理办法 ················ 61
  12-04 全面预算管理考核办法 ············· 63
  12-05 月度滚动预算考核评价管理办法 ······ 65
 第 13 章 资产管理制度 ····················· 69
  13-01 货币资金内部控制制度 ············· 69
  13-02 固定资产内部控制制度 ············· 78
  13-03 存货管理制度 ···················· 85
  13-04 无形资产管理制度 ················ 90
 第 14 章 账款管理制度 ····················· 94
  14-01 企业采购及应付账款管理制度 ······· 94
  14-02 应收账款管理制度 ················ 96
  14-03 坏账损失审批流程规范 ············· 101
 第 15 章 成本费用管理制度 ················· 105
  15-01 成本费用管理制度 ················ 105
  15-02 成本费用核算制度 ················ 109
 第 16 章 税务管理制度 ····················· 113
  16-01 公司税务管理制度 ················ 113
  16-02 公司税务发票管理办法 ············· 116

第17章　财务稽核管理制度 …………………………………… 118
　　17-01　财务内部稽核制度 …………………………………… 118
　　17-02　内部审计管理办法 …………………………………… 121
　　17-03　财产清查制度 ………………………………………… 126
　　17-04　财务盘点制度 ………………………………………… 129
第18章　会计核算管理制度 …………………………………… 133
　　18-01　流动资产核算制度 …………………………………… 133
　　18-02　存货核算管理制度 …………………………………… 137
　　18-03　长期投资核算制度 …………………………………… 140
　　18-04　资产减值核算制度 …………………………………… 144
　　18-05　负债核算制度 ………………………………………… 148
　　18-06　公司收入核算制度 …………………………………… 151
　　18-07　非货币性交易、外币业务核算制度 ………………… 155

Part 3　财务管理表格

第19章　投资管理表格 ………………………………………… 160
　　19-01　企业年度投资计划表 ………………………………… 160
　　19-02　投资绩效预测表 ……………………………………… 160
　　19-03　长期股权投资明细表 ………………………………… 161
　　19-04　持有至到期投资测算表 ……………………………… 161
　　19-05　交易性金融资产监盘表 ……………………………… 162
　　19-06　投资收益分析表 ……………………………………… 162
　　19-07　长期投资月报表 ……………………………………… 163
　　19-08　短期投资月报表 ……………………………………… 163
　　19-09　重要投资方案绩效核计表 …………………………… 164
　　19-10　投资方案的营业现金流量计算表 …………………… 164
　　19-11　投资收益明细表 ……………………………………… 165
第20章　筹资管理表格 ………………………………………… 166
　　20-01　筹资需求分析表 ……………………………………… 166
　　20-02　企业借款申请书 ……………………………………… 167
　　20-03　长期借款明细表 ……………………………………… 167
　　20-04　短期借款明细表 ……………………………………… 168
　　20-05　借款余额月报表 ……………………………………… 168

- 20-06 企业融资成本分析表 169
- 20-07 实收资本（股本）明细表 169

第21章 预算管理表格 170
- 21-01 营业费用预算表 170
- 21-02 主营业务收入预算明细表 171
- 21-03 主营业务收入季度预算表 171
- 21-04 销售资金回收预算表 172
- 21-05 陈欠账款（含呆死账）回收预算表 172
- 21-06 生产费用及成本预算表 173
- 21-07 产品成本预算表 174
- 21-08 采购资金支出预算表 174
- 21-09 管理费用预算表 175
- 21-10 财务费用季度预算 176
- 21-11 营业外支出预算表 177
- 21-12 固定资产支出预算表 177
- 21-13 筹资预算表 177
- 21-14 利息支出预算表 178
- 21-15 现金预算表 178
- 21-16 预算变更申请表 179
- 21-17 单项预算指标考核表 180
- 21-18 各部门成本费用预算执行情况考核表 181
- 21-19 生产部门预算执行情况考核表 182
- 21-20 企业年度费用预算分析表 184

第22章 资产管理表格 185
- 22-01 银行存款、现金收支日报表 185
- 22-02 货币资金明细表 186
- 22-03 货币资金变动情况表 187
- 22-04 现金收支日报表 187
- 22-05 货币资金日报表 188
- 22-06 应收票据备查簿 188
- 22-07 固定资产登记表 188
- 22-08 固定资产台账 189
- 22-09 固定资产报废申请书 189
- 22-10 固定资产增减表 190

22-11	闲置固定资产明细表	190
22-12	固定资产累计折旧明细表	190
22-13	无形资产及其他资产登记表	191
22-14	存货核算明细表	191
22-15	存货分类汇总表	192
22-16	材料耗用月度报表	193
22-17	原材料库存月报表	193
22-18	材料收发存月报表	194
22-19	固定资产盘盈盘亏报告单	194
22-20	流动资产盘盈盘亏报告单	195
22-21	资产清查中盘盈资产明细表	195

第23章 账款管理表格 196

23-01	应收账款登记表	196
23-02	应收账款明细表	196
23-03	应收账款日报表	197
23-04	应收账款月报表	197
23-05	应收账款分析表	197
23-06	应收账款变动表	198
23-07	问题账款报告书	198
23-08	应收账款控制表	199
23-09	应收账款账龄分析表	199
23-10	应收账款催款通知单	200
23-11	催款通知书	200
23-12	付款申请单（1）	201
23-13	付款申请单（2）	201
23-14	预付款申请单	202
23-15	劳务（ ）月分包付款计划	202
23-16	材料月付款计划	202
23-17	分包商付款审批表	203
23-18	坏账损失申请书	204
23-19	客户信用限度核定表	204
23-20	应付票据明细表	205

第24章 成本费用管理表格 206

24-01	产品别标准成本表	206
24-02	标准成本资料卡	206

24-03	每百件产品直接人工定额	207
24-04	每百件产品直接材料消耗定额	207
24-05	成本费用明细表	208
24-06	管理费设定表	209
24-07	推销费用设定表	210
24-08	变动推销费用设定表	211
24-09	材料运输费用分配表	212
24-10	材料采购成本计算表	212
24-11	电费分配表	212
24-12	固定资产折旧费计算分配表	213
24-13	待摊费用（报纸杂志费）摊销分配表	213
24-14	预提费用（借款利息）摊销计算表	213
24-15	工资费用分配表	214
24-16	员工福利费计提分配表	214
24-17	制造费用分配表	215
24-18	产品生产成本计算表	215

第25章 税务管理表格 ········ 216

25-01	纳税自查报告	216
25-02	企业税务风险安全自测及评估标准	217
25-03	月度涉税工作进度表	218
25-04	企业涉税文件登记表	219
25-05	年度税务日历	219
25-06	税务风险控制自检表	220
25-07	发票开具申请单	221
25-08	开具红字增值税专用发票申请单（销售方）	222
25-09	开具红字增值税专用发票通知单（销售方）	222
25-10	开具红字增值税普通发票证明单	223
25-11	增值税专用发票拒收证明	223
25-12	发票使用登记表	224

第26章 财务稽核管理表格 ········ 225

26-01	审计通知单	225
26-02	审计表	225
26-03	审计报告表	226
26-04	稽核工作计划表	226
26-05	稽核报告表	227

26-06	财物抽点通知单	227
26-07	实物盘存清单	227
26-08	账存实存对比表	228
26-09	现金盘点报告	228
26-10	银行存款清查明细表	229
26-11	有价证券盘点报告表	229
26-12	有价证券清查明细表	230
26-13	无形资产清查明细表	230
26-14	债权债务清查报告表	231

Part 4 财务管理文本

第27章	筹资融资文本	233
27-01	项目融资申请书	233
27-02	关于新产品开发所需资金的筹资申请	234
27-03	项目投资计划书	235
27-04	筹资分析报告	238
27-05	筹资决策报告	240
第28章	财务预算与计划文本	243
28-01	关于销售收入、成本、利润、资金需要量的预测报告	243
28-02	××有限公司_____年财务计划	245
第29章	财务分析与评估文本	246
29-01	××有限公司_____年财务分析报告	246
29-02	××有限公司财务成本分析报告	249
29-03	××有限公司财务统计分析报告	252
29-04	××项目经济评估报告	253
29-05	××有限公司财务评价报告	260
第30章	财务报告文本	263
30-01	××公司往来账款日常控制报告	263
30-02	××有限公司资产周转报告	264
30-03	××公司资产清查工作报告	265
30-04	××股份有限公司财务中期报告	268
30-05	××公司年度财务报告	272

导读 规范化管理的基础——
流程·制度·表格·文本

规范化管理就是从企业生产经营系统的整体出发,对各环节输入的各项生产要素、转换过程、产出等制定制度、流程、指标等标准(规范),并严格地实施这些规范,以使企业协调统一地运转。企业要引入现代管理制度,必须建立管理的标准体系。建立这些标准体系的一系列活动就是管理的规范化。

企业要提高管理水平,一定要从基础工作做起,把流程、制度、表格和文本建设好,并且一定要执行到位。

一、用流程来规范

工作流程是指企业内部发生的某项业务从起始到完成,由多个部门、多个岗位,经多个环节协调及顺序工作共同完成的完整过程。

(一)流程内容

从具体业务管理来看,流程必须包括以下内容。
(1)流程输入。
(2)流程输出。
(3)开始、结束。
(4)权责。
(5)流程动态内容。
(6)裁决方向。
(7)动态流向。

(二)流程样式

为便于识别,绘制流程图时,一般按照以下习惯做法进行。
(1)通常用椭圆表示"开始"与"结束",但在大多数情况下,都省略了。
(2)行动方案的普通工作环节用矩形表示。
(3)问题判断或判定(审核、审批、评审)环节用菱形表示。
(4)箭头代表工作流方向。
(5)输入输出为平行四边形。
以下列举某企业预算表审核流程设计作为参考,如下图(两种格式均可)所示。

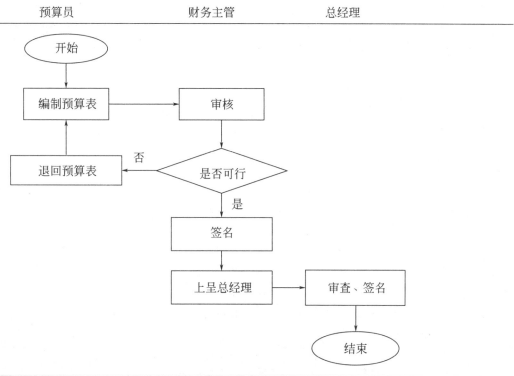

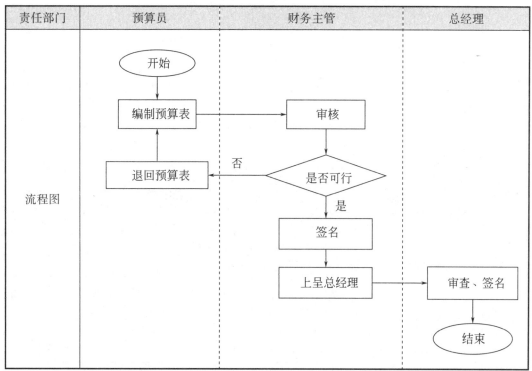

《财务管理实用流程·制度·表格·文本》一书为企业的财务管理提供了一些实用的流程范本供参考,具体包括以下10个方面,见下表。

实用的流程范本

序号	管理模块	流程名称
1	投资管理流程	投资计划作业流程
		投资项目评审流程
		风险项目投资决策流程
		风险投资可行性分析流程
		风险投资运作流程
2	筹资管理流程	筹资管理作业流程
		银行借款作业流程
		债券发行作业流程
		租赁融资作业流程
		股票融资作业流程
3	预算管理流程	预算编制工作流程
		部门预算审批流程
		预算执行监控流程
		预算调整作业流程
		现金预算管理流程
4	资产管理流程	固定资产评估流程
		现金清查作业流程
		备用金清查作业流程
		存货盘点流程
		应收账款管理流程
5	成本控制管理流程	产品成本核算流程
		产品成本定额流程
		成本账务处理流程
		成本费用管理流程
		成本支出管理流程
6	财务内审管理流程	内审计划准备流程
		内部控制测试审核流程
		会计科目审计流程
		内审报告编制流程
		财务审计改善流程
7	税务管理流程	纳税筹划作业流程
		纳税核算作业流程
		纳税申报作业流程
		补税实施作业流程
		退税申请作业流程

续表

序号	管理模块	流程名称
8	会计核算管理流程	日记账作业流程
		凭证账作业流程
		总账科目作业流程
		会计科目设置流程
		会计报表编制流程
9	资金管理流程	借款审批作业流程
		借款抵押作业流程
		资金预算作业流程
		资金调拨作业流程
		账款支付作业流程
10	收益分配流程	利润分配计划编制流程
		利润分配实施流程
		股利分配计划流程
		股利分配实施流程

二、用制度来约束

"一切按制度办事"是企业制度化管理的根本宗旨。企业通过制度规范员工的行为，员工依据制度处理各种事务，而不是以往的察言观色和见风使舵，使企业的运行逐步规范化和标准化。一个具体的、专业性的企业管理制度一般是由一些与此专业或职能相关的规范性的标准、流程或程序，规范性的控制、检查、奖惩等因素组合而成。在很多场合或环境里，制度即规范或工作程序。

（一）制度内容

从一个具体的企业管理制度的内涵及其表现形式来看，企业管理制度主要由以下内容组成。

（1）编制目的。

（2）适用范围。

（3）权责。

（4）定义。

（5）作业内容。包括作业流程图，及用5W1H对作业流程图的要项逐一说明。

（6）相关文件。

（7）使用表单。

一般来说，编写管理制度的内容时，应按照以下要领进行，具体见下表。

管理制度内容编写要领

序号	项目	编写要求	备注
1	目的	简要叙述编制这份制度的目的	必备项目
2	范围	主要描述这份制度所包含的作业深度和广度	必备项目
3	权责	列举本制度和涉及的主要部门或人员的职责和权限	可有可无
4	定义	列举本制度内容中提到的一些专业名称、英文缩写或非公认的特殊事项	可有可无
5	管理规定	这是整篇文件的核心部分,用5W1H的方式依顺序详细说明每一步骤涉及的组织、人员及活动等的要求、措施、方法	必备项目
6	相关文件	将管理规定中提及的或引用的文件或资料——列举	可有可无
7	使用表单	将管理规定中提及的或引用的记录——列举,用以证明相关活动是否被有效实施	可有可无

(二)制度样式

严格来说,在制造企业行业内部,还没有规定出一个具体的制度样式。大多数工厂都采用目前比较流行的、便于企业进行质量审核的文件样式,具体示例如下。

××公司标准文件		××有限公司 ×××管理制度/工作程序	文件编号××-××-××	
版本	第×版		页　次	第×页
1　目的 2　适用范围 3　权责单位 3.1　_____部门 　　　负责×× 3.2　_____部门 　　　负责×× 　　　…… 4　定义 5　管理规定(程序内容) 5.1　_____ 　　5.1.1　_____ 　　5.1.2　_____ 5.2　_____ 　　…… 6　相关文件 　　××文件 7　使用表单 　　××表				
拟订		审核	审批	

《财务管理实用流程·制度·表格·文本》一书为企业的财务管理提供了一些实用的制度范本供参考,具体包括以下8个方面,见下表。

实用的制度范本

序号	管理模块	制度名称
1	投资筹资管理制度	投资管理制度
		公司资金筹集制度
2	预算管理制度	预算管理制度
		资金预算管理办法
		费用预算管理办法
		全面预算管理考核办法
		月度滚动预算考核评价管理办法
3	资产管理制度	货币资金内部控制制度
		固定资产内部控制制度
		存货管理制度
		无形资产管理制度
4	账款管理制度	企业采购及应付账款管理制度
		应收账款管理制度
		坏账损失审批流程规范
5	成本费用管理制度	成本费用管理制度
		成本费用核算制度
6	税务管理制度	公司税务管理制度
		公司税务发票管理办法
7	财务稽核管理制度	财务内部稽核制度
		内部审计管理办法
		财产清查制度
		财务盘点制度
8	会计核算管理制度	流动资产核算制度
		存货核算管理制度
		长期投资核算制度
		资产减值核算制度
		负债核算制度
		公司收入核算制度
		非货币性交易、外币业务核算制度

三、用表格来追溯

企业管理中的各类表格主要用于记载过程状态和过程结果,是企业质量保证的客观依据,为采取纠正和预防措施提供依据,有利于业务标识和可追溯性。

(一)表格登记过程中常见的问题

表格在登记过程中常见以下问题。

(1)盲:表格的设置、设计目的、功能不明,不是为管理、改进所用,而是为了应付检查(比如,我们在填写质量报表时,本来该真实记录的,为了应付检查而更改)。

(2)乱:表格的设置、设计随意性强,缺乏体系考虑,表格的填写、保管、收集混乱,责任不清。

(3)散:保存、管理分散,未作统一规定。

(4)松:记录填写、传递、保管不严,日常疏于检查,达不到要求,无人考核,且丢失和涂改现象严重。

(5)空:该填不填,空格很多,缺乏严肃性、法定性。

(6)错:写错别字,语言表达不清,填写错误。

(二)表格的设计和编制要求

(1)表格并非越多越好,正确的做法是只选择必要的原始数据作为记录。

(2)在确定表格的格式和内容的同时,应考虑使用者填写方便并保证能够在现有条件下准确地获取所需的信息。

(3)应尽量采用国际、国内或行业标准,对表格应废除多余的,修改不适用的,沿用有价值的,增补必需的,应使用适当的表格或图表格式加以规定,按要求统一编号。

(三)表格的管理和控制

表格的管理和控制要满足以下要求才能更好地被追溯,见下表。

表格的管理和控制要求

序号	管理项目	说明
1	标识	应具有唯一性标识,为了便于归档和检索,记录应具有分类号和流水号;标识的内容应包括表格所属的文件编号、版本号、表号、页号;没有标识或不符合标识要求的记录表格是无效的表格
2	储存和保管	记录应当按照档案要求立卷储存和保管;记录的保管由专人或专门的主管部门负责,应建立必要的保管制度,保管方式应便于检索和存取,保管环境应适宜可靠、干燥、通风,并有必要的架、箱,应做到防潮、防火、防蛀、防止损坏、变质和丢失

续表

序号	管理项目	说明
3	检索	一项管理活动往往涉及多项表格,为了避免漏项,应当对表格进行编目,编目具有引导和路径作用,便于表格的查阅和使用,通过查阅各项表格可以对该项管理活动有一个整体的了解
4	处置	超过规定保存期限的表格,应统一进行处理,重要的含有保密内容的表格须保留销毁记录

《财务管理实用流程·制度·表格·文本》一书为企业的财务管理提供了一些实用的表格范本供参考,具体包括以下8个方面,见下表。

实用的表格范本

序号	管理模块	表格名称
1	投资管理表格	企业年度投资计划表
		投资绩效预测表
		长期股权投资明细表
		持有至到期投资测算表
		交易性金融资产监盘表
		投资收益分析表
		长期投资月报表
		短期投资月报表
		重要投资方案绩效核计表
		投资方案的营业现金流量计算表
		投资收益明细表
2	筹资管理表格	筹资需求分析表
		企业借款申请书
		长期借款明细表
		短期借款明细表
		借款余额月报表
		企业融资成本分析表
		实收资本(股本)明细表
3	预算管理表格	营业费用预算表
		主营业务收入预算明细表
		主营业务收入季度预算表
		销售资金回收预算表
		陈欠账款(含呆死账)回收预算表

续表

序号	管理模块	表格名称
3	预算管理表格	生产费用及成本预算表
		产品成本预算表
		采购资金支出预算表
		管理费用预算表
		财务费用季度预算
		营业外支出预算表
		……
4	资产管理表格	银行存款、现金收支日报表
		货币资金明细表
		货币资金变动情况表
		现金收支日报表
		货币资金日报表
		应收票据备查簿
		固定资产登记表
		固定资产台账
		固定资产报废申请书
		固定资产增减表
		……
5	账款管理表格	应收账款登记表
		应收账款明细表
		应收账款日报表
		应收账款月报表
		应收账款分析表
		应收账款变动表
		问题账款报告书
		应收账款控制表
		应收账款账龄分析表
		应收账款催款通知单
		催款通知书
		……

续表

序号	管理模块	表格名称
6	成本费用管理表格	产品别标准成本表
		标准成本资料卡
		每百件产品直接人工定额
		每百件产品直接材料消耗定额
		成本费用明细表
		管理费设定表
		推销费用设定表
		变动推销费用设定表
		材料运输费用分配表
		材料采购成本计算表
		电费分配表
		固定资产折旧费计算分配表
		待摊费用（报纸杂志费）摊销分配表
		预提费用（借款利息）摊销计算表
		工资费用分配表
		员工福利费计提分配表
		制造费用分配表
		产品生产成本计算表
7	税务管理表格	纳税自查报告
		企业税务风险安全自测及评估标准
		月度涉税工作进度表
		企业涉税文件登记表
		年度税务日历
		税务风险控制自检表
		发票开具申请单
		开具红字增值税专用发票申请单（销售方）
		开具红字增值税专用发票通知单（销售方）
		开具红字增值税普通发票证明单
		增值税专用发票拒收证明
		发票使用登记表

续表

序号	管理模块	表格名称
8	财务稽核管理表格	审计通知单
		审计表
		审计报告表
		稽核工作计划表
		稽核报告表
		财物抽点通知单
		实物盘存清单
		账存实存对比表
		现金盘点报告
		银行存款清查明细表
		有价证券盘点报告表
		有价证券清查明细表
		无形资产清查明细表
		债权债务清查报告表

四、用文本来支持

文本指的是企业在管理过程中用来记录信息、交流信息和发布信息的一种工具，通常包括公文、书信、契约、方案等。它是企业经营运作的信息载体，是贯彻企业执行力的重要保障性因素。规范严谨的商务文书，已经成为现代企业管理的基础而又不可或缺的内容。

企业文本的要求如下。

（1）明确文本的意图：从主观目标看客观目标。

（2）需要结构分明：有效划分层次和段落，巧设过渡和照应。

（3）组织材料要注意多、细、精、严。

（4）语言要确定。文本中不允许含糊不清、模棱两可的现象存在。比如，利润是企业经营的财务成果，但就"利润"一个单词，就有产品销售利润、营业利润、利润总额、净利润四个概念，每个概念都带有一个确定的含义、确定的计算公式，不能望文生义，自行推断解释。再如，在签订某机械产品购销合同时，对产品规格、质量标准、数量与金额、交货时间与地点、付款方式都必须写得明确具体，以利于履行。而不能像写电影剧本那样："表面光洁度——像玻璃一样光；硬度——像钢一样硬；交货时间——早春二月；交货地点——长江沿岸"等。

（5）内容要真实。文本的真实性则是所写的内容，包括人物、事件、时间、地点、数据等,都必须是实实在在的,完全是真实的,不容许虚构和捏造,来不得半点差错。

《财务管理实用流程·制度·表格·文本》一书为企业的财务管理提供了一些实用的文本范本供参考,具体包括以下4个方面,见下表。

实用的文本范本

序号	管理模块	文本名称
1	筹资融资文本	项目融资申请书
		关于新产品开发所需资金的筹资申请
		项目投资计划书
		筹资分析报告
		筹资决策报告
2	财务预算与计划文本	关于销售收入、成本、利润、资金需要量的预测报告
		××有限公司_____年财务计划
3	财务分析与评估文本	××有限公司_____年财务分析报告
		××有限公司财务成本分析报告
		××有限公司财务统计分析报告
		××项目经济评估报告
		××有限公司财务评价报告
4	财务报告文本	××公司往来账款日常控制报告
		××有限公司资产周转报告
		××公司资产清查工作报告
		××股份有限公司财务中期报告
		××公司年度财务报告

Part 1 财务管理流程

第1章　投资管理流程

1-01　投资计划作业流程

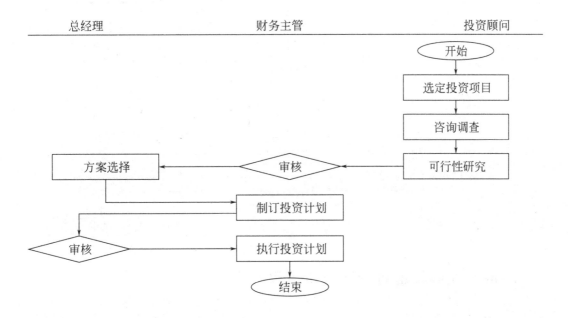

1-02　投资项目评审流程

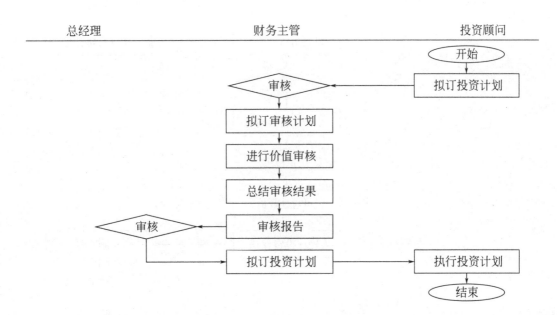

1-03 风险项目投资决策流程

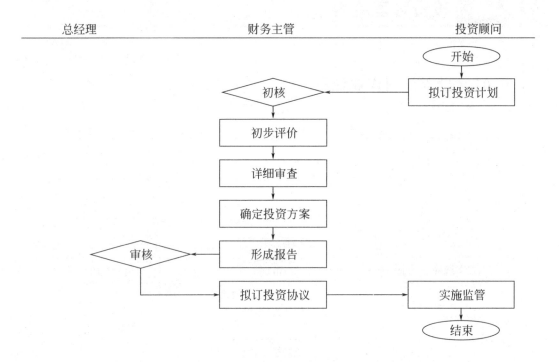

1-04 风险投资可行性分析流程

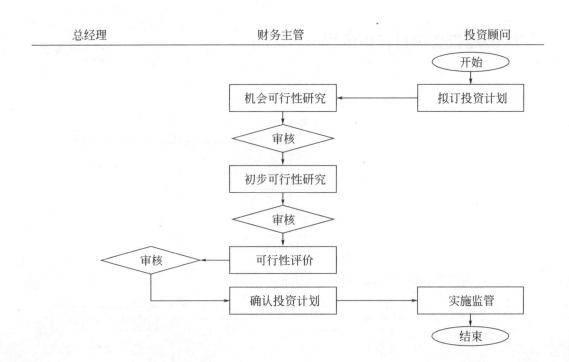

1-05 风险投资运作流程

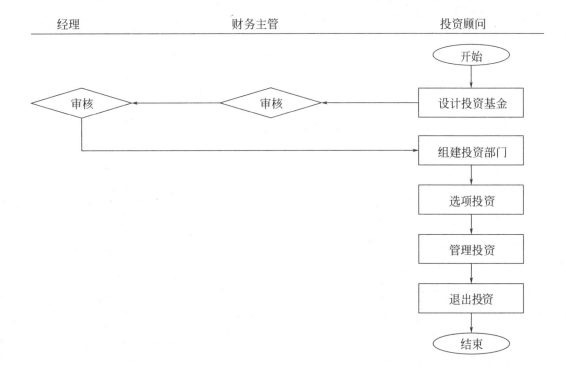

第2章 筹资管理流程

2-01 筹资管理作业流程

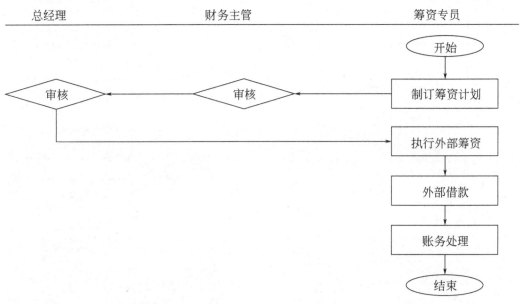

2-02 银行借款作业流程

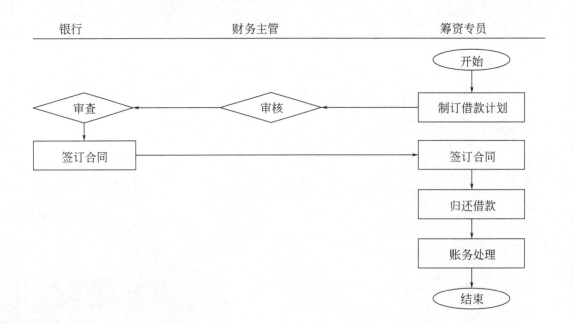

2-03 债券发行作业流程

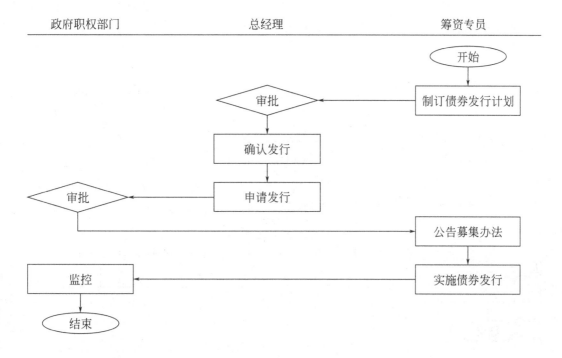

2-04 租赁融资作业流程

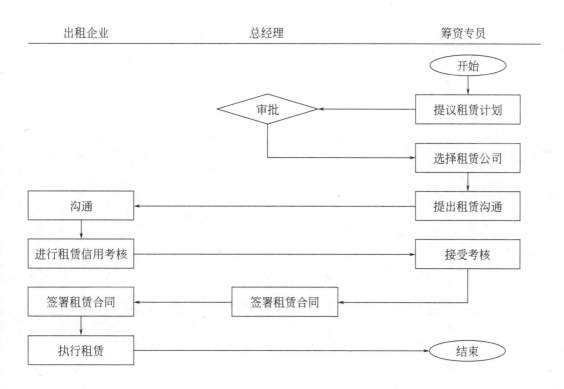

2-05　股票融资作业流程

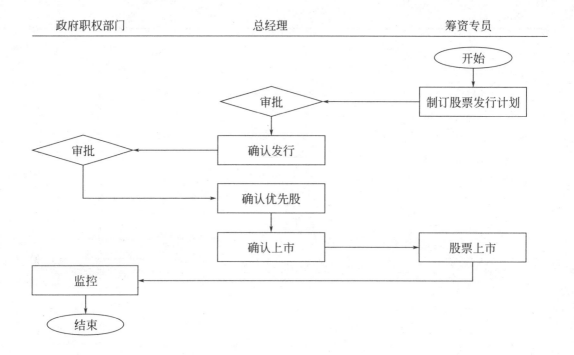

第3章 预算管理流程

3-01 预算编制工作流程

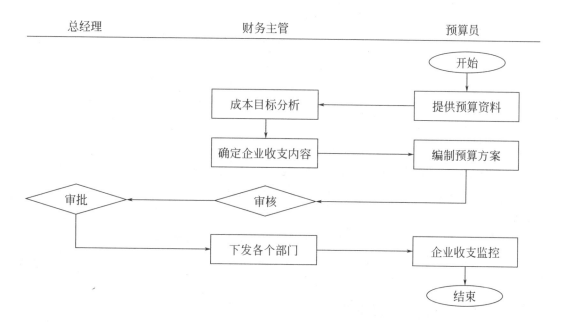

3-02 部门预算审批流程

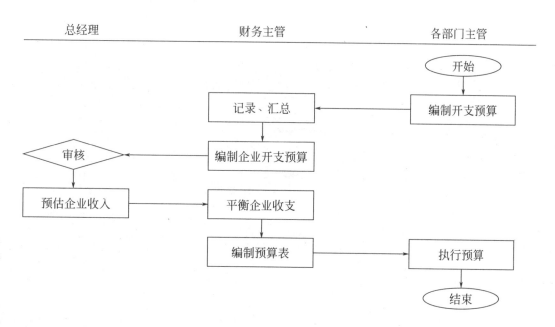

3-03　预算执行监控流程

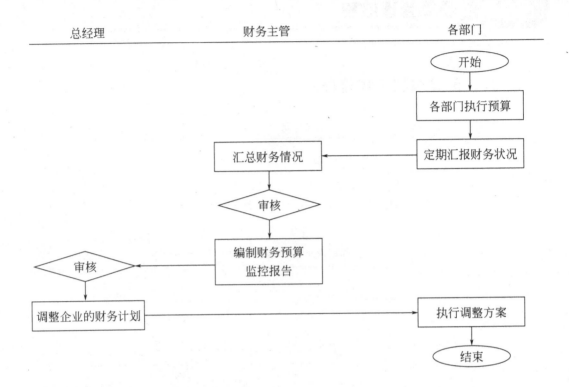

3-04　预算调整作业流程

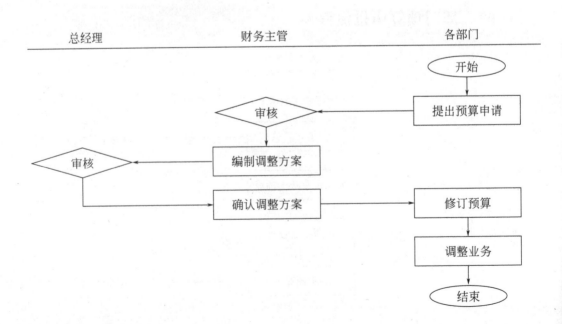

3-05　现金预算管理流程

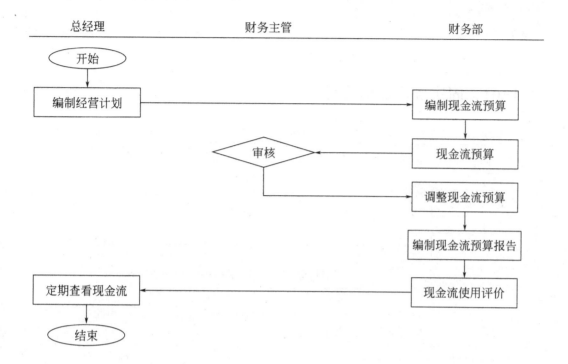

第4章　资产管理流程

4-01　固定资产评估流程

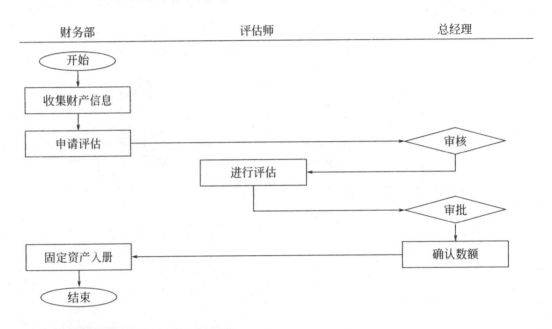

4-02　现金清查作业流程

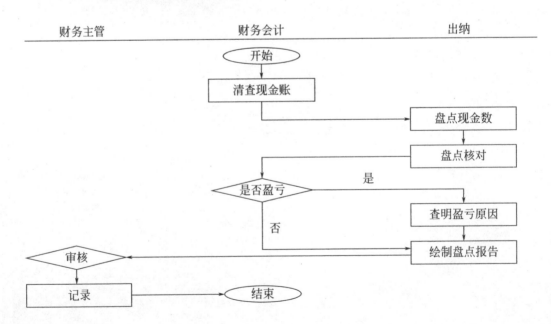

4-03 备用金清查作业流程

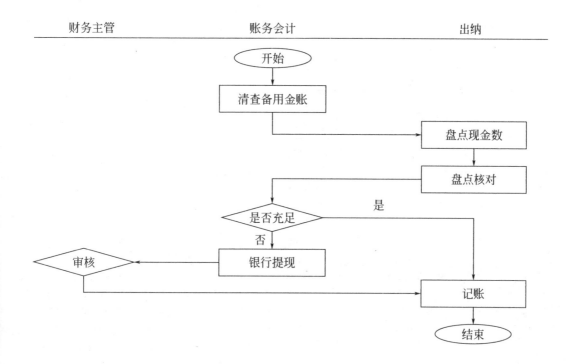

4-04 存货盘点流程

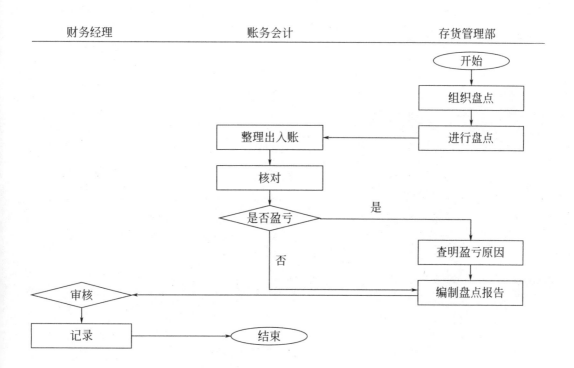

4-05 应收账款管理流程

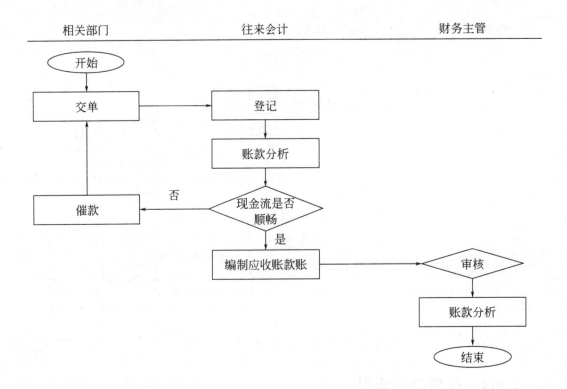

第5章 成本控制管理流程

5-01 产品成本核算流程

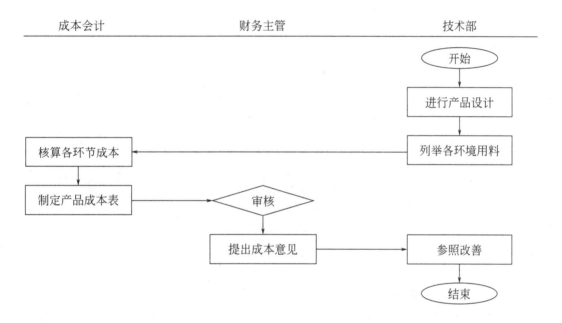

5-02 产品成本定额流程

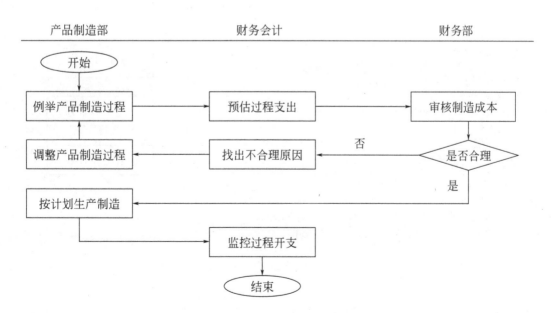

5-03 成本账务处理流程

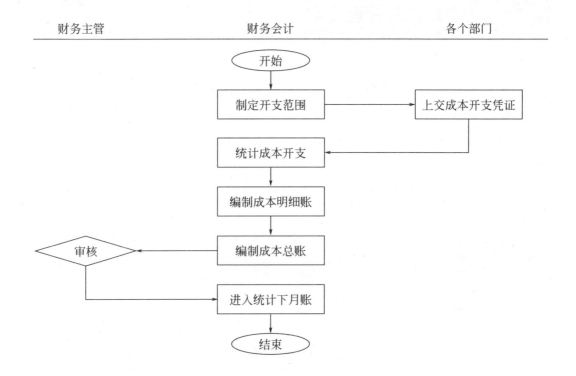

5-04 成本费用管理流程

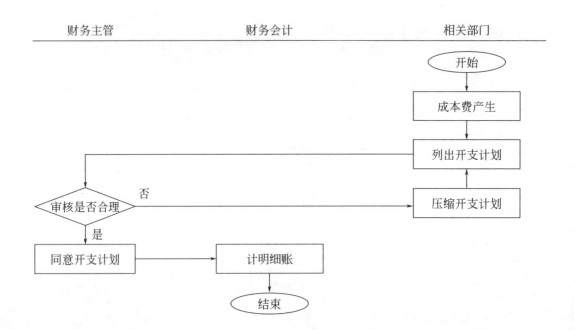

5-05　成本支出管理流程

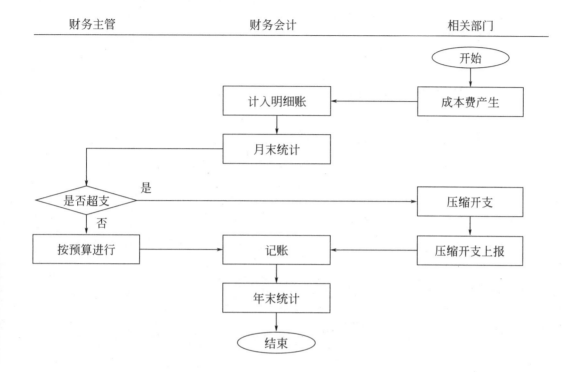

第6章　财务内审管理流程

6-01　内审计划准备流程

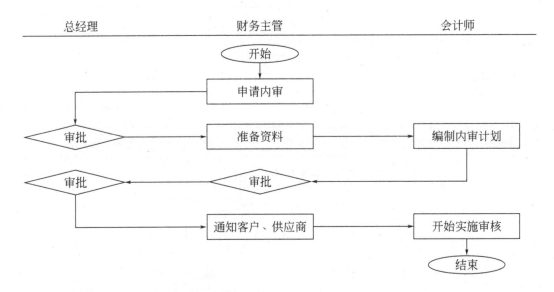

6-02　内部控制测试审核流程

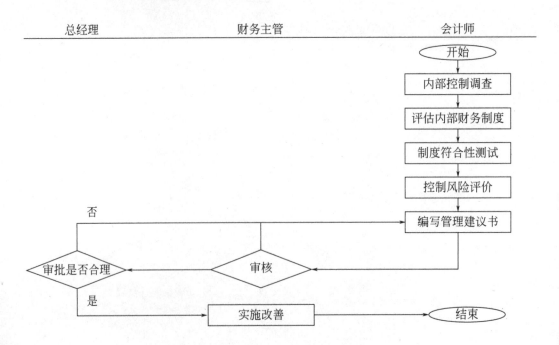

6-03　会计科目审计流程

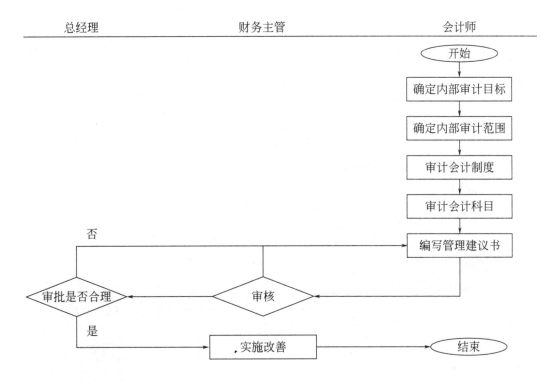

6-04　内审报告编制流程

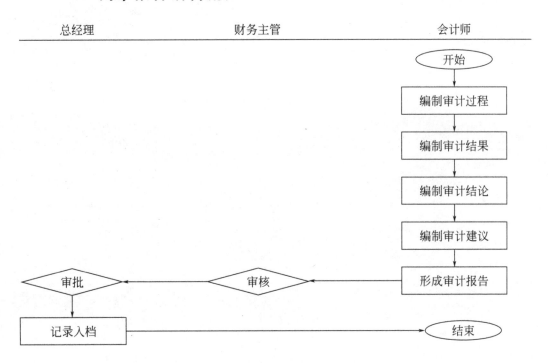

6-05 财务审计改善流程

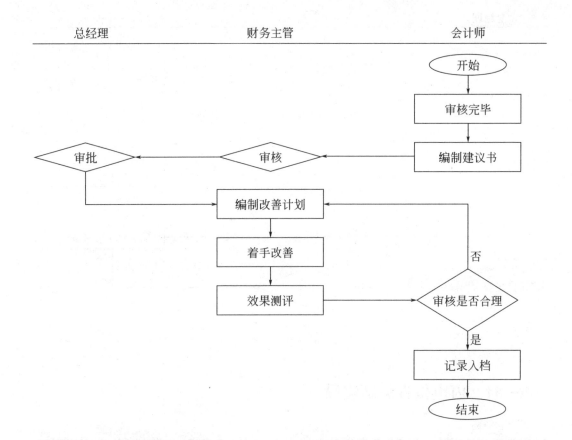

第7章 税务管理流程

7-01 纳税筹划作业流程

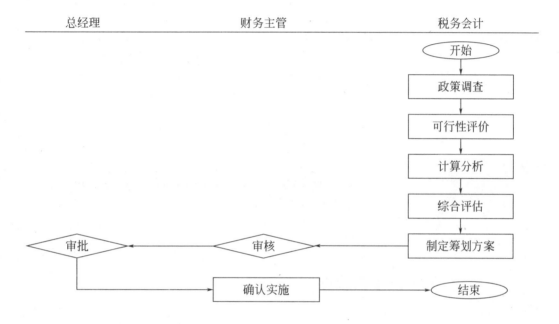

7-02 纳税核算作业流程

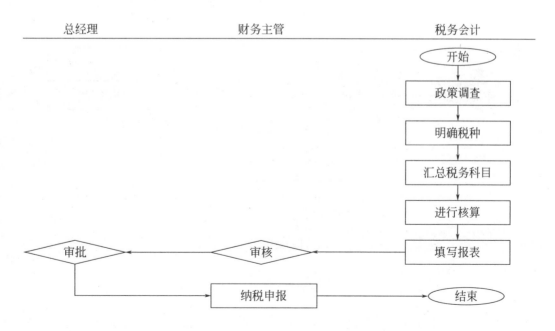

7-03 纳税申报作业流程

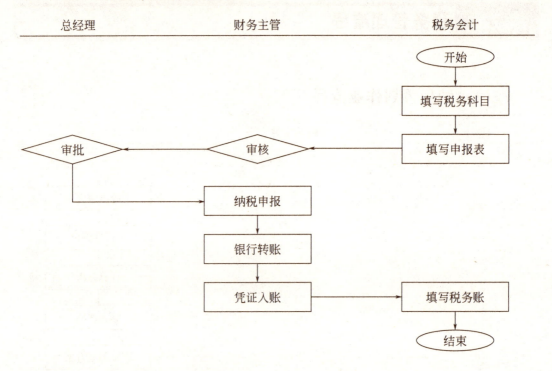

7-04 补税实施作业流程

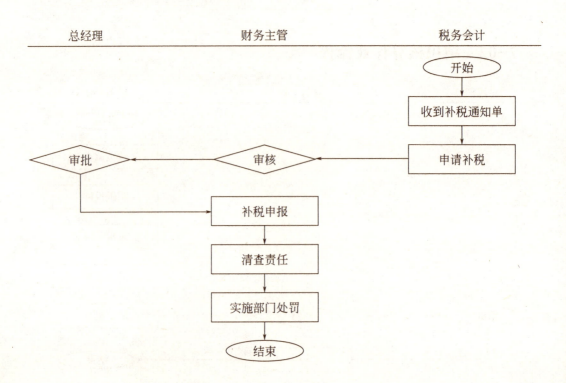

7-05 退税申请作业流程

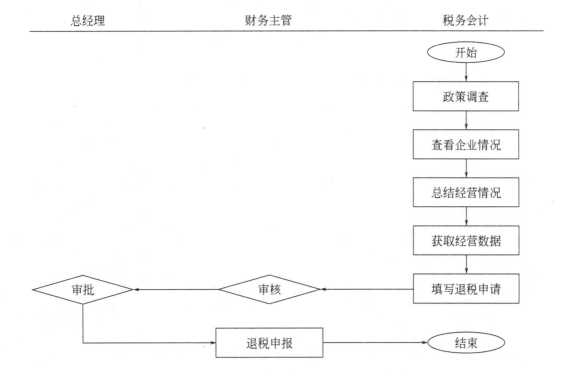

第8章 会计核算管理流程

8-01 日记账作业流程

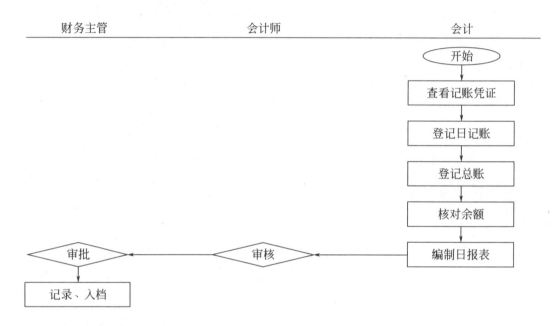

8-02 凭证账作业流程

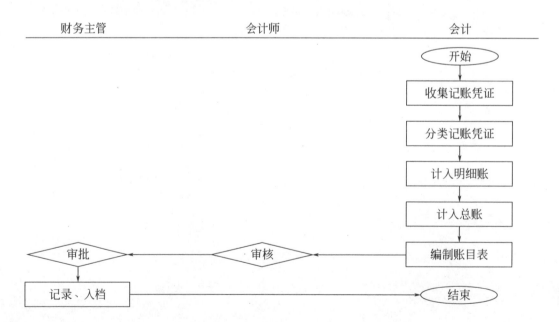

8-03　总账科目作业流程

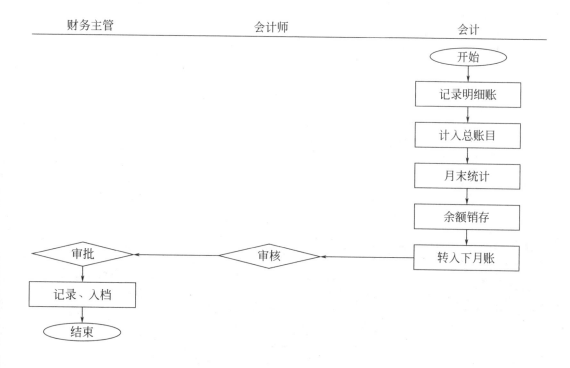

8-04　会计科目设置流程

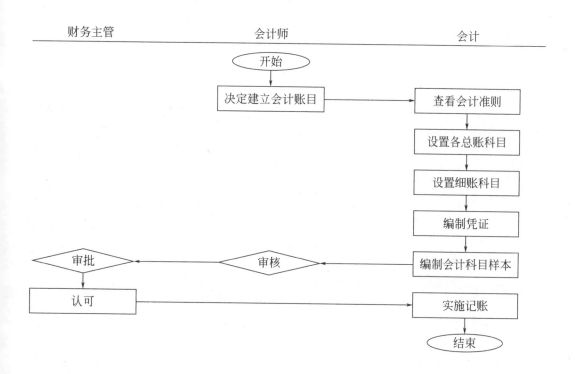

8-05 会计报表编制流程

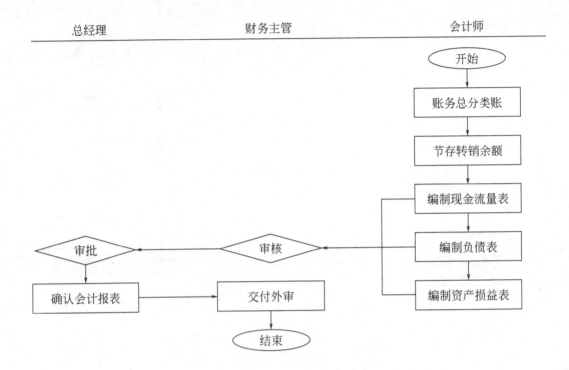

第9章　资金管理流程

9-01　借款审批作业流程

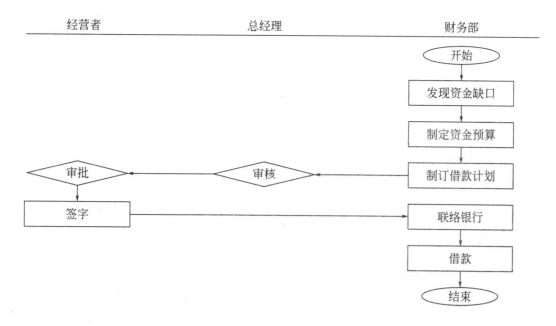

9-02　借款抵押作业流程

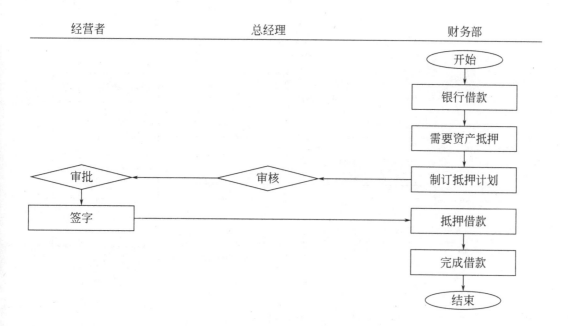

9-03　资金预算作业流程

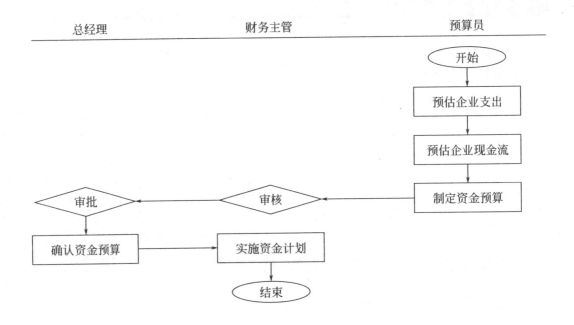

9-04　资金调拨作业流程

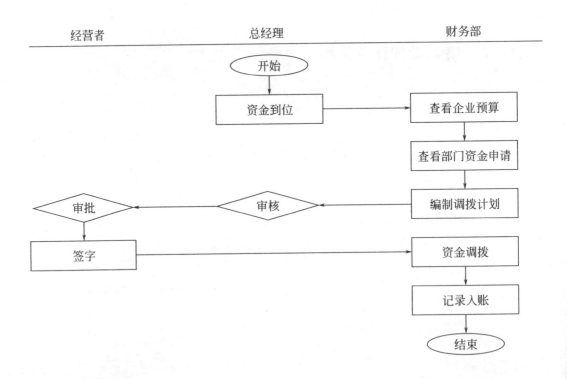

9-05　账款支付作业流程

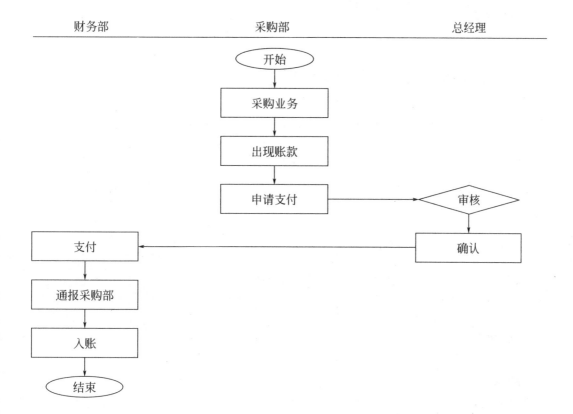

第10章 收益分配流程

10-01 利润分配计划编制流程

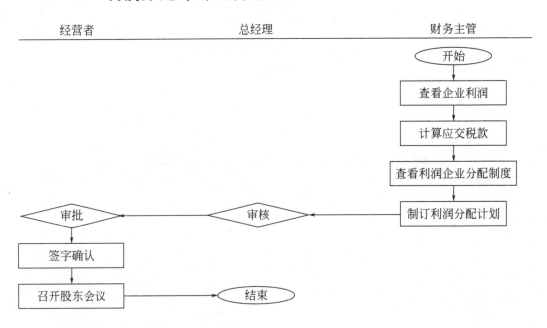

10-02 利润分配实施流程

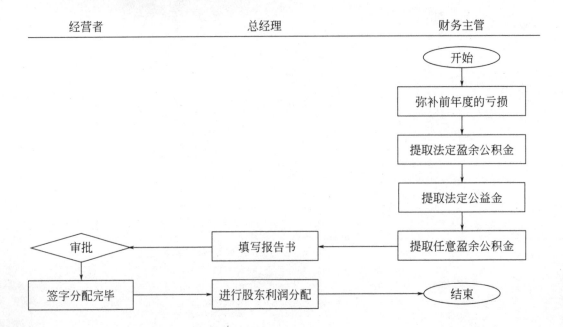

10-03　股利分配计划流程

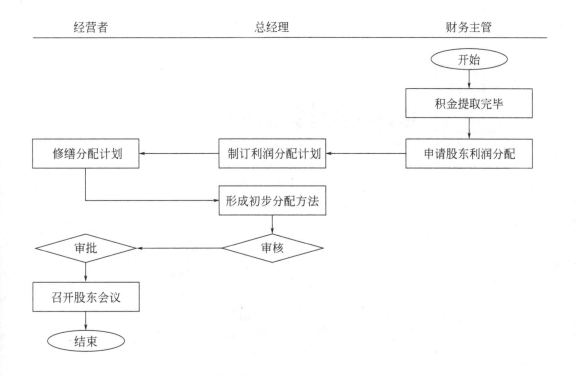

10-04　股利分配实施流程

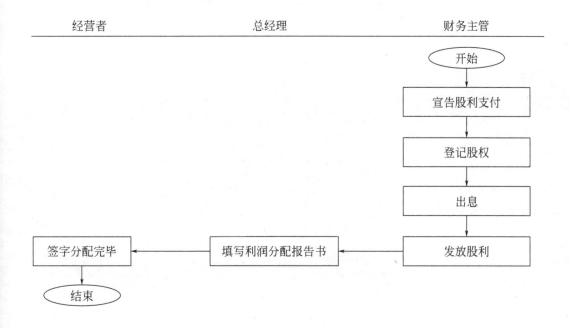

Part 2 财务管理制度

第11章　投资筹资管理制度

11-01　投资管理制度

投资管理制度

1　目的

为了规范本公司项目投资运作和管理，保证投资资金的安全和有效增值，实现投资决策的科学化和经营管理的规范化、制度化，使本公司在竞争激烈的市场经济条件下稳健发展，赢取良好的社会效益和经济效益，特制定本制度。

2　适用范围

适用于本公司及属下各部门在进行各项目投资时的管理。

3　管理规定

3.1　投资项目的初选与分析

3.1.1　各投资项目的选择应以本公司的战略方针和长远规划为依据，综合考虑产业的主导方向及产业间的结构平衡，以实现投资组合的最优化。

3.1.2　各投资项目的选择均应经过充分调查研究，并提供准确、详细的资料及分析，以确保资料内容的可靠性、真实性和有效性。项目分析内容如下。

（1）市场状况分析。

（2）投资回报率。

（3）投资风险（政治风险、汇率风险、市场风险、经营风险、购买力风险）。

（4）投资流动性。

（5）投资占用时间。

（6）投资管理难度。

（7）税收优惠条件。

（8）对实际资产和经营控制的能力。

（9）投资的预期成本。

（10）投资项目的筹资能力。

（11）投资的外部环境及社会法律约束。

凡合作投资项目在人事、资金、技术、管理、生产、销售、原料等方面无控制权的，原则上不予考虑。由公司进行的必要股权投资可不在此列。

3.1.3　各投资项目依所掌握的有关资料并进行初步实地考察和调查研究后，由投资项目提出部门提出项目建议，并编制可行性报告及实施方案，按审批程序及权限报送公司总部主管领导审核。总部主管领导对投资部门报送的报告经调研后认为可行的，应尽快给予审批或按程序提交有关会议审定。对暂时不考虑的项目，最迟5天内给予明确答复，并将有关资料编入备选项目存档。

3.2 项目的审批与立项

3.2.1 投资项目的审批权限：×××万元以下的项目，由公司主管副总经理审批；×××~×××万元以下的项目，由主管副总经理提出意见报总经理审批；×××万元以上，××××万元以下的项目，由总经理办公室审批；××××万元以上项目，由董事会审批。

3.2.2 凡投资×××万元以上的项目均列为重大投资项目，应由公司投资部在原项目建议书、可行性报告及实施方案的基础上提出初审意见，报公司主管副总经理审核后按项目审批权限呈送总经理或总经理办公室或董事会，进行复审或全面论证。

3.2.3 总经理办公室对重大项目的合法性和前期工作内容的完整性、基础数据的准确性、财务预算的可行性及项目规模、时机等因素均应进行全面审核。必要时，可指派专人对项目再次进行实地考察，或聘请专家论证小组对项目进行专业性的科学论证，以加强对项目的深入认识和了解，确保项目投资的可靠和可行。经充分论证后，凡达到立项要求的重大投资项目，由总经理办公室或董事会签署予以确立。

3.2.4 投资项目确立后，凡确定为公司直接实施的项目由公司法定代表人或授权委托人对外签署经济合同书及办理相关手续；凡确定为二级部门实施的项目，由该法人部门的法定代表人或授权委托人对外签署经济合同书及办理相关手续。其他任何人未经授权所签订的合同，均视为无效。

3.2.5 各投资项目负责人由实施部门的总经理委派，并对总经理负责。

3.2.6 各投资项目的业务班子由项目负责人负责组阁，报实施部门总经理核准。项目负责人还应与本公司或二级部门签订经济责任合同书，明确责、权、利的划分，并按本公司资金有偿占有制度确定完整的经济指标和合理的利润基数与比例。

3.3 投资项目的组织与实施

各投资项目应根据形式的不同，具体落实组织实施工作。

3.3.1 属于公司全资项目，由总经理委派项目负责人及组织业务班子，进行项目的实施工作，设立办事机构，制定员工责任制、生产经营计划、企业发展战略以及具体的运作措施等，同时认真执行本公司有关投资管理、资金有偿占有以及合同管理等规定，建立和健全项目财务管理制度。财务部经理由公司总部委派，对本公司负责，并接受本公司的财务检查，同时每月应以报表形式将本月经营运作情况上报公司总部。

3.3.2　属于投资项目控股的，按全资投资项目进行组织实施；非控股的，则本着加快资金回收的原则，委派业务人员积极参与合作，展开工作，并通过董事会施加公司意图和监控其经营管理，确保利益如期回收。

3.4　项目的运作与管理

3.4.1　项目的运作管理原则上由公司分管项目投资的副总经理及项目负责人负责，并由本公司采取总量控制、财务监督、业绩考核的管理方式进行管理，项目负责人对主管副总经理负责，副总经理对总经理负责。

3.4.2　各项目在完成工商注册登记及办理完相关法定手续成为独立法人进入正常运作后，属公司全资项目或控股项目，纳入公司全资及控股企业的统一管理；属二级企业投资的项目，由二级企业进行管理，同时接受公司各职能部门的统一协调和指导性管理。协调及指导性管理的内容包括：合并会计报表，财务监督控制；年度经济责任目标的落实、检查和考核；企业管理考评；经营班子的任免；例行或专项审计等。

3.4.3　凡公司持股及合作开发项目未列入会计报表合并的，应通过委派业务人员以投资者或股东身份积极参与合作和开展工作，并通过被投资企业的董事会及股东会贯彻公司意图，掌握了解被投资企业经营情况，维护公司权益；委派的业务人员应于每季度（最长不超过半年）向公司递交被投资企业资产及经营情况的书面报告，每年度应随附董事会及股东大会相关资料。因故无委派人员的，由公司投资部代表公司按上述要求进行必要的跟踪管理。

3.4.4　公司全资及控股项目的综合协调管理的牵头部门为企业管理部；持股及合作企业（未列入合并会计报表部分）的综合协调管理的牵头部门为公司投资部。

3.4.5　对于贸易及证券投资项目则采用专门的投资程序和保障、监控制度，具体办法另定。

3.5　项目的变更与结束

3.5.1　投资项目的变更，包括发展延伸、投资的增减或滚动使用、规模扩大或缩小、后续或转产、中止或合同修订等，均应报公司总部审批核准。

3.5.2　投资项目变更，由项目负责人书面报告变更理由，按报批程序及权限报送总部有关领导审定，重大的变更应参照立项程序予以确认。

3.5.3　项目负责人在实施项目运作期内如工作变动，应主动做好善后工作，如属公司内部调动，则须向继任人交接清楚方能离岗；如属个人卸任或离职，则必须承担相应的经济损失，违者，所造成的后果，应追究其个人责任。

3.5.4　投资项目的中止或结束，项目负责人及相应机构应及时总结清理，并以书面形式报告公司。属全资及控股项目，由公司企管部负责汇总整理，经公司统一审定后责成有关部门办理相关清理手续；属持股或合作项目由投资部负责汇总整理，经公司统一审定后，责成有关部门办理相关清理手续。如有待决问题，项目负责人必须负责彻底清理，不得久拖推诿。

11-02　公司资金筹集制度

公司资金筹集制度

1　目的

为了依法筹集资金，规范合理支出，特制定本制度。

2　适用范围

适用于资金的筹集、分配、使用。

3　管理规定

3.1　计划、分配和分析

3.1.1　根据公司年度生产计划、销售计划和技改计划，由财务部门编制年度的资金平衡计划，报总经理审阅批准后实施。

3.1.2　根据年度资金平衡计划，由财务部门按月编制月度资金平衡计划，经分管财务的副总经理批准后实施。

3.1.3　资金平衡计划应包括以下内容：销售回笼计划、借（还）贷计划、资金分配计划。

3.1.4　资金筹集计划在每一项组织实施之前，由财务部门作金融市场和社会游资的调查后，作详细的资金成本分析，经分管财务的副总经理核准后实施，力求降低资金成本。

3.1.5　财务部门按月对资金计划的月度执行情况进行分析，掌握资金动态，发现问题及时反映。

3.2　资本金

3.2.1　公司实行实收资本制，实收资本额与注册资本金相一致。在董事会决定增资并在财务部门实际收到增资额后，经中国注册会计师验资并出具验资报告后，交资产经营部门办理工商登记，对注册资本金进行变更，或在工商年检时一并办理变更登记。

3.2.2　股东权益是指股东对企业净资产的权利。企业全部资产减全部负债后的净资产属股东权益，包括股本、资本公积、盈余公积和未分配利润。

3.2.3　公司对入账的股本，除按《企业会计准则》规定实行核实外，遵照证监会的规定和公司法的要求，由资产经营部进行管理，并建立股本登记簿，记录认缴、实缴、分利、配股等事项。在非因减少资本总额的情况下，公司不得收购本公司股东的股权。股东投入的股本，原则上不得在公司存续期间收回。股东对于自己股权的转移必须严格遵守国家规定。

3.2.4　经董事会决议并报经有关机关核准后需向社会筹集资金的，包括吸收和增加内部员工股、社会法人股和外商资金的参股及股票上市等，原则上应是货币资金。对于公司愿意接受的法人部门实物投资或无形资产的投资，必须由资产经营部门根据投资方提供的有效评估报告进行协商作价，最高价不得高于评估值。

（1）投入实物由公司按实物种类的归口部门验收并出具收据作为验资的依据。

（2）吸收无形资产投资不得超过公司实收资本的20%。

（3）以外币作为投资的货币资金以公司开户银行收到的本地外汇市场调剂中间价作为计价折合记账本位币（人民币）的标准。

3.2.5 对于按合同规定或国家另有规定的可以在公司持续经营期间收回投资的，必须由公司进行审计，注册会计师出具报告后，并按规定由投资者履行经济责任后，经董事长和总经理签署以后，财务部门安排支付。

3.3 资本公积金

3.3.1 公司资本公积金来源为股本溢价、接受捐赠的实物资产、住房周转金转入、资产评估增值，以及投资准备等。

3.3.2 经董事会决定资本公积金可以转作实收资本，但资本公积金中接受捐赠的实物资产价值、资产评估增值以及投资准备等部分不能转作实收资本。

3.4 负债

3.4.1 公司的负债按照偿还期的长短分为流动负债和长期负债两大类。

（1）流动负债为在1年内需要偿还的债务，包括短期借款、应付及预收货款、应付票据、应付内部部门借款、应交税金及其他未交款、应付福利费、应付短期债券和其他应付款等。

（2）长期负债为应在1年以后需偿还的债务，包括应付长期债券、应付引进设备款、融资租入固定资产应付款、员工住房周转金等。

3.4.2 对于公司的负债由财务部门实施对其合同的管理和监督。所有集资、借款的合同由财务部门进行合同管理，登记备查簿，记载日期、利率等资料。凡向金融机构借款的转期均应在办理转期合同的日期在会计核算的记录上及时反映。对于供货合同中规定形成的债务，由进货部门负责合同管理并接受财务部门的业务监督。财务部门在没有特殊情况下应按期协调资金，组织偿付。对于因债权人特殊原因确已无法支付的各种应付款项应及时计入收益。

3.4.3 对于经董事会或总经理决定需发行的一定期限内还本付息的有价证券，其发行办法及手续按国家规定办理。

3.4.4 公司的短期借款及其他流动负债所需的贴息均按权责发生制列入财务费用，对于税务机关规定超出法定利率部分的利息支出，在计纳所得税时主动调整公司所得额。

3.4.5 公司长期负债应支付的利息按《企业财务通则》区别情况分别处理，筹建具有独立核算和法人资格的子企业列入企业的开办费按五年期平均摊销；用于购建固定资产的在未竣工与交付使用之前计入固定资产原值或在建工程项目成本；对于固定资产已竣工和交付使用的其未还款的利息支出计入财务费用，不得调增固定资产造价；在清算期间的利息支出列作清算费用。

3.4.6 应付福利费限用于公司员工的福利费用方面的支出。分别由后勤部门和公司工会编制员工福利计划，由分管财务的副总经理审定，并经员工代表大会通过后生效。财务部门按计划数进行监督管理，在年终出现超支赤字的情况下应将赤字全额列入管理费用并按规定调整所得额依法计纳税金。对用于离退休人员的有关福利费用支出，按照员工社会退休统筹机构的规定在其间费用按实列支。

3.4.7 财务部门按税务机关规定的日期申报和交纳税金及其他应交款项，包括销售产品的流转税和盈利额的所得税等。

3.4.8 财务部门在每月月末前应将企业承担所有员工负担在发放工资时（如扣交的住房公积金）足额地解交开户银行专户存储。对员工因调动、离退休等因需办转移、退回手续的应及时帮助办理，最迟不得超过员工离岗半个月的时间。

第12章 预算管理制度

12-01 预算管理制度

预算管理制度

1 目的

为加强公司的预算管理,强化内部控制,防范经营风险,提高公司管理水平和经济效益,实现公司经营目标,特制定本制度。

2 适用范围

适用于公司各部门的预算。

3 定义

3.1 预算:指以价值形式对公司生产经营和财务活动所作的具体安排。

3.2 预算管理是指对预算的编制、审批、执行、控制、调整、考核及监督等管理方式的总称。

4 管理规定

4.1 总则。

4.1.1 公司预算年度与会计年度一致。

4.1.2 公司预算管理的基本任务。

(1)确定公司的经营目标并组织实施。

(2)明确公司内部各部门预算管理的职责和权限。

(3)对公司经营活动进行控制、监督和分析。

4.1.3 预算管理的基本原则。

(1)量入为出,综合平衡。

(2)效益优先,确保重点。

(3)全面预算,过程控制。

(4)权责明确,分级实施。

(5)规范运作,防范风险。

4.2 预算管理的组织机构。

4.2.1 公司建立由各预算责任部门、预算管理委员会、董事会构成的三级预算管理体系。

4.2.2 公司董事会是预算管理的最高决策机构,负责确定公司年度经营目标,审批公司年度预算方案及其调整方案。

4.2.3 公司成立预算管理委员会，由总经理及公司有关部门的主要负责人组成。预算管理委员会主任由总经理担任。预算管理委员会负责审查预算草案、预算调整草案及预算执行情况报告，向董事会提交预算草案和预算调整草案，组织预算考核与监督。

4.2.4 预算管理委员会的办事机构设在公司财务部，财务部负责预算的编制、初审、平衡、调整和考核等具体工作，并跟踪监督预算执行情况，分析预算与实际执行的差异，提出改进措施和建议。

4.2.5 公司各部门及公司内部核算单位为预算责任部门，负责本部门分管业务预算编制、执行、分析和控制等工作，并配合财务部做好公司总预算的综合平衡。

4.2.6 公司各部门之间和部门内部班组之间的预算管理权限，必须划分清楚，做到权责明确。各部门根据工作需要设相应的机构或专人负责本部门分管业务的预算管理工作。

4.2.7 预算管理组织的组成、职责及部门目标。

（1）公司预算管理委员会。主任为总经理；副主任为副总经理；委员为厂长、仓储部主管、加工部主管、管理部经理、财务部主管、营业部主管；执行秘书为财务组长。

（2）生产厂预算管理委员会。主任委员为厂长；委员为副厂长、部门经理；执行秘书为班组长。

（3）预算管理委员会的职责。

——决定公司或厂部的经营目标及方针。

——审查公司各部及生产厂的初步预算并讨论建议修正事项。

——协调各部门间的矛盾或分歧事项。

——预算的核准。

——环境变更时，预算的修改及经营方针的变更。

——接受并分析预算执行报告。

（4）预算执行秘书的职责。

——提供各部门编制预算所需的表单格式及进度表等。

——提供各部门所需的生产、收入成本与费用等资料以供编制预算时参考。

——汇总各部门的初步预算交委员会讨论。

——督促预算编制的进度；提出建议事项，交预算管理委员会。

——比较与分析实际执行结果与预算的差异情况。

——劝导各部门切实执行预算有关事宜。

——其他有关预算执行的策划与联络事项。

（5）部门工作目标（见下表）。

部门工作目标		
序号	部门	工作目标
1	营业部（出口外销部分）	（1）充分消化现有产能 （2）利用现有市场，购销相关产品，扩大营业额 （3）销售费用的控制（运输费用、报关费用、保险费用等） （4）处理积压品 （5）外销成长率（　　%），年度外销金额（　　　）元
2	营业部（内销部分）	（1）估计内销产品销售数量，协调生产管理中心建立适当库存量 （2）建立内销销售网，扩大现有客户的采购规格及数量 （3）积压品处理 （4）内销成长率（　　%），年度内销金额（　　　）元
3	仓储部	（1）厂区安全的维护 （2）人员、车辆进出的传达、管理 （3）货物进出的装卸、保管、监控、调配、记录 （4）厂区设备、设施、工具、器材的保管、维修 （5）厂区环境卫生的维护 （6）厂区应有标志的设置
4	制造部	（1）厂区安全的维护 （2）厂区设备、设施、工具、器材的保管、维修 （3）生产计划制订、组织、实施、完成 （4）生产原料的监控、调配 （5）生产产品的检验、保管、装卸 （6）生产物资采购、保管、调剂 （7）产品质量保证 （8）厂区环境卫生的维护
5	行政部	（1）人事：建立员工录用、升迁、薪资考核奖惩的人事制度；精简人事，控制管理费用 （2）总务：食堂管理、宿舍管理、车辆管理、公司环境卫生管理、公司季节性物品的管理、办公室设备的管理、饮水机的管理 （3）采购：合格供应商目录的建立；供应商考核、评定、采购实施 （4）信息管理：电脑管理；打印机、复印机、传真机、碎纸机的管理；电话程控交换机、电话机维护 （5）门卫：建立出入厂管理制度；加强门卫勤务训练
6	财务部	（1）资金保管、运用、规划；强化现金预测功能，灵活资金调度 （2）修订现行会计制度，精简作业流程，加强管理会计功能 （3）处理资产审查；各项税务业务、外汇业务；政府注册文件办理、保存、更换 （4）适时提供各项管理报表 （5）严格审核费用开支，控制预算 （6）每月实施存货盘点
7	总经理室	（1）对外协调有关公司事物、公用 （2）各部门工作进度的收集，提供给总经理以随时掌握动态 （3）预算的规划及监督执行情况

4.3 预算管理的范围与内容。

4.3.1 公司所有涉及价值形式的经营管理活动,都应纳入预算管理,明确预算目标,实现预算控制。

4.3.2 公司预算管理应当以提高经济效益为目标,以财务管理为核心,以资金管理为重点,全面控制公司经济活动。

4.3.3 公司预算管理的内容如下。

(1)损益预算。

(2)资本性收支预算。

(3)现金流量预算。

4.3.4 损益预算是反映预算期内利润目标及其构成要素的财务安排,包括销售收入预算、成本支出预算、投资收益预算、财务费用预算、营业外收支预算和所得税预算。

4.3.5 资本性收支预算反映了预算期内资本性来源及资本性支出的财务安排,主要包括资本性收入预算和资本性支出预算。

4.3.6 现金流量预算反映预算期内现金流入、现金流出及其利用状况的财务安排,包括经营活动产生的现金流量预算、投资活动产生的现金流量预算和筹资活动产生的现金流量预算。

4.4 预算的编制与审批。

4.4.1 公司预算编制的主要依据。

(1)国家有关政策法规和公司有关规章制度。

(2)公司经营发展战略和目标。

(3)公司年度经营计划。

(4)公司确定的年度预算编制原则和要求。

(5)以前年度公司预算执行情况。

4.4.2 公司预算的编制程序。

(1)公司董事会确定公司预算年度的经营目标。

(2)财务部根据公司预算年度的经营目标,于每年11月初制定印发公司预算编制纲要,确定公司下一年度预算编制的原则和要求。

(3)公司各预算责任部门按照统一格式,编制本部门归口管理业务的下一年度预算建议,于每年11月20日前送财务部。

(4)财务部对各项预算责任部门提交的预算建议方案进行初审、汇总和平衡,并就平衡过程中发现的问题进行充分协调,提出初步调整的建议,在此基础上提出公司下一年度预算草案,于12月1日前报公司预算管理委员会审查。

4.4.3 公司预算的审批程序。

(1)公司预算管理委员会应于12月10日前召开预算管理委员会会议,审查公司下一年度预算草案。对未能通过预算管理委员会审查的项目,有关预算责任部门应进行调整。

（2）经公司预算管理委员会审查后的预算草案，应于12月15日前报董事会，董事会在12月20日前审批预算。

（3）公司预算草案经董事会审批后，由财务部下达公司各预算责任部门执行。

4.5 预算的执行与控制。

4.5.1 公司预算一经批准下达，即具有指令性，各预算责任部门必须认真组织实施。

4.5.2 公司预算作为预算期内组织公司内部生产经营活动、进行筹融资活动的基本依据，各预算责任部门应会同财务部将年度预算分解为季度计划或月度计划，原则上在每季度初10日内或月度初5日内下达，以确保年度预算目标的实现。

4.5.3 预算内资金的拨付。

（1）预算内资金拨付的基本条件如下。

——预算责任部门下达的计划或签署的审查意见。

——合同正本或其他具有法律效力的文件。

——准确填写的"付款凭单"。

——按照财务制度需要提供的其他有关凭证。

（2）预算内资金拨付的程序：由资金使用单位或预算责任部门填写"付款凭单"，并附相关文件、合同或资料，送财务部审核，按公司授权审批权限审批后，办理拨付手续。

（3）预算内资金支出，由财务部根据资金的周转情况和项目进度情况拨付。合同或法律文件规定支付时间的，按规定的时间支付。

（4）公司原则上不出借资金。

4.5.4 财务部建立预算资金拨付台账制度，各预算责任部门建立预算执行台账，每季度末与财务部核对。

4.5.5 公司建立预算执行情况季度分析报告制度。各预算责任部门应于每季度终了10日内将预算执行分析报告送财务部。财务部全面分析每季度预算执行情况，并提出对策和建议，提交公司预算管理委员会主任，由预算管理委员会主任决定召开预算管理委员会会议审议。

4.5.6 年度终了，各预算责任部门应清理当年预算执行情况，并提出需结转下年度安排的本年未执行完的项目及金额，送财务部初审、汇总后，由财务部编制当年的公司预算执行报告，报预算管理委员会、董事会审批。预算执行报告一经审批，对未提出在下年度继续安排的未执行完预算项目予以注销。

4.6 预算的调整。

4.6.1 公司正式批准执行的预算，在预算期内一般不予调整。在预算执行中由于市场环境、经营条件、政策原因等客观因素发生重大变化，致使预算编制基础不成立，或者将导致执行结果产生重大偏差的，可以调整预算。

4.6.2 预算调整的基本原则。

（1）目标一致原则，即预算调整事项不能偏离公司发展战略和年度经营目标的要求。

（2）讲求效益原则，即预算调整方案在经济上应当能够实现最优化。

（3）责任落实原则，即对常规事项产生的预算执行差异，应当责成预算执行单位采取措施加以解决。

（4）例外管理原则，即将预算调整的重点放在预算执行中出现的重要的、不正常的、不符合常规的关键差异方面。

（5）先有预算，后有支出。

（6）收支平衡原则。

（7）节约就是创收。

4.6.3 预算调整的程序。

（1）预算执行过程中，各预算责任部门不得在总预算控制的前提下，在项目之间进行调整。

（2）预算调整实行逐项审查、逐级审批制度。

（3）预算调整的申请部门向财务部提出预算调整建议。

（4）财务部对申请调整项目进行初审、协调和平衡，提出预算调整方案，上报公司预算管理委员会审查后报董事会审批。

（5）预算调整方案经董事会批准后，由财务部下达给各预算部门。

4.7 损益预算管理。

4.7.1 销售收入预算由业务部负责。

4.7.2 成本费用支出预算分为行政经费预算、直接经营项目成本预算和其他成本支出预算。

（1）行政经费预算由管理部统一管理，其他部门配合，其中员工教育经费和人工成本由人事部负责。

（2）直接经营项目成本预算由生产部负责，财务部配合。

——公司从事直接经营项目的成本单位的成本支出预算由生产部负责，财务部配合。

——直接经营项目中的大修费用预算由生产部负责，财务部配合，生产部根据审批的预算金额，下达大修计划。

（3）其他未列入机关经费和直接经营项目成本的成本费用预算，由财务部负责。

4.7.3 投资收益预算由财务部负责。

4.7.4 财务费用预算和所得税预算由财务部负责。

4.7.5 项目经费预算由财务部负责。项目预算经预算管理委员会审查、董事会审批后，由管理部负责签订合同，财务部按合同支付。

4.7.6 财务部负责根据上述具体预算项目编制损益预算表。

4.8 资本性收支预算管理。

4.8.1 资本性收入预算是对预算期内可用于资本性投资活动的资金来源的财务安排，主要包括内部资金来源预算和融资预算。

（1）内部资金来源预算是对预算期内税后利润、折旧的财务安排，由财务部负责。

（2）融资预算是在预算期内需要新借入的长短期借款、经批准发行的债券等的财务安排，由财务部负责。

4.8.2 资本性支出预算是对预算期内进行资本性投资活动预计产生的现金支付的财务安排，包括固定资产投资预算、权益性投资预算、前期费用预算、还本付息预算、其他资本性收支预算和总经理预备费预算。

（1）固定资产投资预算包括基本建设项目预算、小型基建项目预算、技术改造项目预算、生产类固定资产购置预算和管理类固定资产购置预算。

——基本建设项目预算、小型基建项目预算由仓储部和加工部负责。

——公司直接经营项目技术改造预算、生产性固定资产购置预算由仓储部和加工部负责。

——管理类固定资产购置预算由管理部负责。

（2）前期费用预算是指对公司投资项目开展前期工作所需要的费用安排，由具体工作部门负责，财务部配合。

（3）借款和债券的还本付息预算由财务部负责。

（4）其他资本性支出主要包括对处理重大事故、自然灾害所需的恢复性投入，解决历史遗留问题给予的补助性资本投入，以及根据国家政策给予的援助性资本投入等。其他资本性支出预算按各预算项目的性质和投资对象由相应预算责任部门负责。

（5）总经理预备费预算是用于预算执行过程中突发的、不可预见的支出或总经理认为需要安排的支出的预算安排。

——总经理预备费的年度预算由财务部根据资金周转情况提出建议，公司预算管理委员会审查，董事会审批。

——总经理预备费的使用由总经理批准。

——总经理预备费的日常管理由财务部具体负责。

4.8.3 财务部负责按照上述具体预算项目编制资本性收支预算表，并负责对资本性收支预算进行初步平衡。

4.9 现金流量预算管理。

4.9.1 现金流量预算由财务部根据损益预算和资本性收支预算的分析编制。

4.9.2 现金流量预算经审批后，由财务部按照审批的预算对公司现金流量实施统一调度；各预算责任部门配合财务部加强对现金流量的控制。

4.9.3 公司应当强化现金流量的预算管理，严格按照现金流量预算组织和监控预算资金的收付，按时组织预算资金的收入，严格控制预算资金的支出，保证公司有足够的资金用于必需的支付。

4.10 预算的考核与监督。

4.10.1 公司建立预算考核制度，公司预算考核的具体政策由公司预算管理委员会制定。

4.10.2 公司预算考核采取年度考核方式，由财务部会同人事部门进行。

4.10.3 公司建立预算责任人制度，各预算责任人为各预算责任部门的负责人。

4.10.4 公司建立年度预算执行评价制度，根据年初预算与年终预算执行结果的差异水平对各预算责任部门的执行情况进行评价，评价结果作为各部门负责人年度工作业绩考核的重要依据。

4.10.5 公司预算的编制、审批、执行、控制、调整和追加，必须认真实施财政监督和审计监督。

4.10.6 预算监督检查的主要内容如下。

（1）预算是否符合国家财经法规和公司各项预算管理规定。

（2）各项财务收支是否全部纳入公司预算管理。

（3）预算资金是否按规定程序拨付和存放。

（4）预算资金是否切实按照预算规定使用。

（5）各预算责任部门的内部控制机制是否健全等。

4.10.7 公司建立预算内部稽核制度，财务部负责对各预算责任部门的预算执行情况进行跟踪检查。稽核报告上报公司预算管理委员会，并与以后年度预算资金安排挂钩。

12-02　资金预算管理办法

资金预算管理办法

1　目的

为了促进本公司各项经营活动由事后管理向事前管理方式的转变，强化生产经营全过程控制，提高资金使用的计划性，特制定本管理办法，以增加公司资金运行的透明度，降低各项成本，使有限的资金发挥最大的效能。

2　适用范围

适用于公司资金的预算管理。

3　管理规定

3.1　职责分工

3.1.1 公司分管副总经理、财务部经理、总经理集体对公司提报的资金预算进行审批。

3.1.2 各部门根据下月销售计划、生产计划、采购计划和全年资金预算详细编制下月资金预算。

3.1.3 资金管理中心参与资金预算的编制工作,对预算进行汇总、复核和平衡,并对上月预算执行情况进行分析。

3.1.4 资金管理中心按照审批后的预算进行款项的收付。

3.2 资金预算的重要性及作用

3.2.1 资金的范围:本办法所称资金,是指库存现金、银行存款、应收票据和从银行开办的银行承兑汇票。

3.2.2 资金预算的重要性。资金预算可以作为纽带,将财务部门与公司内部各层次和各职能部门的管理目标和职能紧密地联系在一起,合理确立投融资规模,安全、高效地安排和调度好资金,保持现金收支平衡和偿债能力,为公司生产经营提供充足的现金保障,进而保证公司以系统、科学的观点实现资金管理整体效益的最优化。

3.2.3 资金预算的作用。资金预算在公司管理中的具体作用如下。

(1)用来规划公司在下月的经济活动及其成果。

(2)利于公司各部门确定工作目标、方向。

(3)财务部门执行实施经济业务的依据。

(4)评定考核公司各部门工作实绩的标准。

(5)利于公司总体目标的实现。

3.3 预算的编制、审批、执行、调整流程

3.3.1 制定原则。预算编制是为实现公司的方针、目标和利润,同时满足公司下达的经济责任指标目标值。预算的编制按时间分为年度预算和月度预算。月度预算是为确保年度预算的实现,经过科学地计划组织与分析,结合本公司不同时期动态的生产经营情况进行编制。预算编制时要考虑先急后缓、统筹兼顾、量入为出的原则。

公司的资金预算应按照以销定产的原则,详细、科学地预计分析制订下月销售计划、生产计划、采购计划,围绕实现公司经济责任指标,开展市场调研与科学预测、进行公司内部条件分析,并结合公司费用定额管理,对预期生产经营活动即将发生的各种消耗与货币收支进行测算的基础上制定的。

3.3.2 编制流程。

(1)市场部:以市场调查、预测为基础确定预计产品的品种、销售量、预计售价,并结合公司自身的生产能力编制次月销售计划和销售回款计划。

(2)生产部:通过对公司内部生产能力和条件分析,按照以销定产的原则,即按照销售计划确定产品的生产计划和直接原材料、辅助材料需求量计划,以及电

费、修理费及其他支出计划,并以原辅料需求量计划和公司库存为依据,编制采购计划。

（3）采购部：根据生产部编制的采购计划,结合预计市场现行价格及付款政策编制次月资金支付计划。

（4）行政部：依据现行工资方案,结合年人工预算,编制次月人工费用预算。

（5）职能部门（包括项目组）：根据以上各类相关计划、部门年度费用预算和固定资产支出预算,编制次月部门费用预算和固定资产支出预算。

（6）资金中心对预算草稿进行复核,补充"利息、税金、水电费、通信费、保险金、工资等固定费用及上月资金余额"等项目,试算平衡后形成次月资金预算。

上述各类预算经总经理初审后,需在每月22日前报办公室汇总后上报资金中心。

预算编制过程中,每一收支项目的数字指标需要依据充分确实的资料,并总结出规律,进行严密的计算,不能随意编造。

3.3.3 审批流程。

（1）公司分管副总经理在对所分管部门经营目标和下月目标充分了解的情况下,对所分管部门提报的下月预算的合理性、可行性进行审核。

（2）每月25日,资金中心经理、公司分管副总经理、财务部经理对资金管理中心编制资金计划进行集体会审。

（3）每月27日前完成预算的审批,报总经理审批后,送交资金管理中心执行。

3.4 预算的执行

3.4.1 预算确定后,无需再申报付款计划,应将预算层层分解到各车间、部门,各部门再落实到每个人,从而使每个人都紧紧围绕预算目标各负其责、各司其职,使每月资金预算和公司经营目标顺利完成。

3.4.2 资金支付的流程。

（1）部门经理审核：经办人持"资金支付单"及相关附件（如合同、协议等）报部门经理审核签字。

（2）资金管理中心核对签字：经办人将部门经理审核签字后的"资金支付单"报资金管理中心,与审批后的月度资金预算相核对一致并签字确认。

（3）总经理或副总经理审核：资金中心核对签字后的"资金支付单",经办人再报总经理或副总经理审核。

（4）出纳付款：经总经理或副总经理审核的"资金支付单",在经财务部经理和资金管理经理审核后,交资金管理中心出纳付款。

资金预算经总经理批准实施,由资金管理中心进行监督,严格按照预算执行。

3.5 预算的调整

3.5.1 因公司在生产经营的过程中会遇到某些不确定性因素,导致实际情况与月初提报预算偏差较大,这种情况下可以对预算进行调整。若预算需增加,申请人需填写"资金支付表",经部门负责人签字后,按相关使用范围报总经理或经授权的副总和资金管理中心经理审批。

3.5.2 此项资金一月内必须经审核后单独报账，否则取消今后的支配权。资金中心每月底将各公司预算调整资金使用情况写出审计报告交总经理审阅；此项资金应严格按照申报的事由专款专用，如出现变相使用将不予报销；此项资金当月未使用完下月不得结转，决不允许恶意支出；超过2000（含）元的个人借款，资金管理中心不得以现金的形式支付。

3.5.3 为保持预算管理的权威性，首先预算执行过程中各项目支出之间不允许随便调整，如需调整重新进行审批；其次预算调整实行额度控制和次数控制，即各部门预算调整次数，每月最多1次；预算调整额度不超过部门同类预算额度的10%。

3.6 预算执行的分析与考核

3.6.1 为严肃资金预算的管理，真正对公司的各项管理工作起到作用，避免此项工作流于形式，如不经过充分调研、论证、筹划、计算，随意编造数据，所以原则上要求公司月度各预算项目实际发生值与预算控制计划值差额比例控制在10%之内，预算执行情况考核评价纳入管理综合考核评价。

3.6.2 每月10日前资金管理中心会计人员对上月预算完成情况进行对比分析，分析实际发生与预算指标之间的差异及原因，并根据分析结果，对各相关部门给予评分，报公司领导审批。

12-03　费用预算管理办法

费用预算管理办法

1 目的

为促进公司建立、健全内部约束机制，推动企业加强费用预算控制管理，进一步合理降低各项费用，以达到企业利润的最大化，结合公司目前的实际情况，特制定本办法。

2 适用范围

适用于本公司各项费用的预算控制。

3 管理规定

3.1 公司预算组织的分工

3.1.1 总经理办公室对公司费用预算的管理工作负总责；财务部门负责公司费用预算的管理工作，拟订公司费用预算的目标、政策，制定费用预算管理的具体措施和办法，审议、平衡费用预算方案，组织下达财务预算，协调解决费用预算编制和执行中的问题，考核预算的执行情况，并负责预算执行情况的分析和报告，督促各部门完成财务预算目标。

3.1.2 公司各职能、营销、生产部门要密切配合财务部门做好相关的工作,及时与财务部门沟通,反映公司相关情况,并在财务部门的指导下,制定本部门费用预算,且能进行执行情况分析。

3.2 费用预算的内容

费用预算包括管理费用、销售费用、财务费用的预算,根据公司的年度目标,分各个月份制定月度预算指标。

3.2.1 管理费用预算的项目明细有:工资费用、奖金、福利费、办公费、差旅费、交通费、房租费、水电费、通信费、招待费、运杂费、租车费、社保费、单据费、奖金、培训费、招聘费、车辆修理费、加油费、停车路桥费、购车补贴、保险费、维修费、品牌建设费、劳动保护费、审计费、律师咨询费、财务顾问费、ERP建设费、研究开发费、促销费、广告费、宣传费、设计费、折旧费、税费、其他。

3.2.2 销售费用预算的项目明细有:工资费用、奖金、福利费、房租、水电费、通信费、业务费、办公费、维修费、差旅费、交通费、社保费、广告费、宣传费、促销费、劳务费、装修费、运杂费、折扣与折让、折旧费、其他。

3.2.3 财务费用预算的项目细分为:利息支出(扣减利息收入)、手续费、汇兑损益。

3.3 期间费用预算的归口管理和适用范围

3.3.1 行政人资部归口管理并初步编制以下费用预算。

(1)管理费用中的工资费用、办公费、差旅费、交通费、房租费、水电费、通信费、招待费、运杂费、租车费、社保费、单据费、奖金、培训费、招聘费、车辆修理费、加油费、停车路桥费、购车补贴、保险费、维修费、劳动保护费、其他。

(2)销售费用中的工资费用、奖金、房租、水电费、通信费、办公费、维修费、社保费。

3.3.2 销售单元归口管理并初步编制销售费用预算中的业务费、差旅费、交通费、促销费、劳务费、运杂费、折扣与折让、其他。

3.3.3 企划部门归口管理并初步编制以下费用预算。

(1)管理费用中的品牌建设费。

(2)销售费用中的广告费、宣传费。

(3)管理费用、销售费用、制造费用中的折旧费。

3.3.4 财务部门归口管理编制以下费用预算。

(1)管理费用中的审计费、财务顾问费、ERP建设费、税费。

(2)各项财务费用。

3.3.5 财务部门统一对各部门以上费用下达预算指标,经与各部门协商后执行,由行政部全权管理督促各部门上述费用控制在预算内。以上费用预算控制的第一责任人为部门最高主管,第一责任人可指定1~2人为直接责任人,具体负责各部门上述费用控制和财务部门就具体事项接口。

12-04　全面预算管理考核办法

全面预算管理考核办法

1　目的

为了适应建立现代企业制度的要求，建立灵活的激励和约束机制，充分调动公司各部门和全体员工的积极性和创造性，更好地推动管理水平的逐步提高，确保实现公司目标，根据《全面预算管理（暂行）办法》，特制定本办法。

2　适用范围

适用于公司各部门。

3　管理规定

3.1　预算考核是对预算执行效果的一个认可过程。考核应遵循以下原则。

3.1.1　目标原则：以预算目标为基准，按预算完成情况评价预算执行者的业绩。

3.1.2　刚性原则：预算目标一经确定，不得随意变更调整。

3.1.3　激励原则：预算目标是对预算执行者业绩评价的主要依据，考核必须与激励制度相配合，采用奖励为主、扣罚为辅的原则，体现目标、责任、利益的相互统一。

3.1.4　时效原则：预算考核是动态考核，每期预算执行完毕应立即进行。

3.1.5　例外原则：对一些阻碍预算执行的重大因素，如市场环境的变化、政策变化、电网调度、重大意外灾害等，考核时应作为特殊情况处理。

3.1.6　分级考核原则：预算考核要根据组织结构层次或预算目标的分解层次进行。公司考核归口管理部门及各成本中心，各成本中心考核班组（或个人）、班组考核个人。被考核部门应结合自身实际制定向下一级预算执行部门（或班组、个人）的考核办法并对其进行考核。

3.2　预算考核的对象和内容。

3.2.1　考核对象。各归口管理部门（成本中心）及其第一责任人。

3.2.2　考核内容。以公司与预算执行部门签订的目标责任书和下达的预算为依据，对预算执行情况进行考核。考核内容：编制预算的及时性、准确性；控制预算的严格性、合理性；预算分析的透彻性、预见性；预算执行的正确性、节约或超支值。

3.2.3　考核方式。预算考核分日常考核与年终考核。日常考核采取每月度预考核形式进行，旨在通过信息反馈，控制和调节预算的执行偏差，确保预算的最终实现；年终考核旨在进行奖罚和为下年度的预算提供依据。

3.3　预算考核的程序。

3.3.1　预算考核的具体工作由预算委员会办公室负责组织，总经理工作部负责配合。考核程序如下。

（1）以各成本中心的分析报告及财务管理部的账面数据为依据，分析、评价各责任中心预算的实际执行情况，找出差距，查明原因。

（2）预算委员会办公室对各成本中心进行考核。

（3）预算委员会办公室将考核结果报公司预算委员会。

（4）公司预算委员会对考核结果进行审批。

（5）预算委员会办公室将批准的考评结果报总经理工作部执行。

3.3.2　预算月度考核与月度经营活动分析同时进行，考核结果在每月（季）的月（季）度经营活动分析会上通报，预算年度考核于次年的1月进行。

3.4　预算考核的办法。

3.4.1　各归口管理部门（成本中心）因预算工作组织不力、不给予配合的，影响预算工作的推进或对预算工作重视不够、敷衍应付，造成不良影响的，根据情节轻重，预算委员会办公室将对预算执行部门及责任人进行如下处罚。

（1）各归口管理部门（成本中心）未按公司规定的时间要求编制上报本成本中心预算、归口预算及月度分析报告、季度小结报告、年度总结报告等预算资料的，给予部门负责人处以_____~_____元的绩效扣罚，扣罚部门当月8%~10%的绩效奖金。

（2）各归口管理部门（成本中心）未按公司规定的预算内容、格式要求编制上报本成本中心预算、归口预算及月度分析报告、季度小节报告、年度总结报告等预算资料的，给予部门负责人处以_____元绩效扣罚，扣罚部门当月8%的绩效奖金。

（3）各归口管理部门（成本中心）对其归口管理的部门、班组、个人负有考核责任，对未履行考核职能或考核不力的，扣罚部门负责人_____元绩效奖金，扣罚部门当月5%的绩效奖金。

（4）各成本中心在工作中应互相配合，密切协作，提倡高姿态。对工作相互推诿，导致考核困难的，将扣罚相关部门当月2%的绩效奖金，同时对扯皮部门负责人处以_____元绩效扣罚。

3.4.2　对在正常情况下不按预算执行，或未经批准擅自更改调整预算的，给予归口管理部门（成本中心）负责人_____元绩效扣罚。

3.4.3　各成本中心在执行预算过程中出现预算节余时，不得违反经济活动的常规性突击使用预算，对违反经济活动的常规性突击使用预算的，处以突击使用预算金额两倍的处罚。

3.4.4　月度（季度）预考核。月度（季度）预考核与月度（季度）当期的绩效奖金挂钩。月度（季度）当期各项指标均在当期预算范围之内（包括预算值本身）的为合格，不进行扣罚。当期指标中有一项（以归口管理费用明细表中的指标划分为准）超预算，就对归口管理部门（成本中心）进行考核；有两项及两项以上实际指标均超预算指标的，按各项指标的考核标准进行叠加考核。月度总考核金额不封顶，如果出现预算考核数额大于部门绩效工资应发总额度，差额从以后月份的绩效奖金或岗位工资中扣罚。

3.4.5 年度考核。年度考核与月度（季度）预考核的月度（季度）绩效奖金和年终绩效奖金（包括公司董事会及总经理设立的各种年度奖励）挂钩。年度当期各项指标均在年度预算范围之内（包括预算值本身）的为合格，不进行扣罚。年度指标中超一项考核一项，超两项考核两项，按各项指标的考核标准进行叠加考核。对月度（季度）预考核中扣留的月度（季度）预考核绩效奖金，如年度累计值未超预算指标，则补发相应指标月度（季度）预考核的绩效奖金，如年度累计值超预算指标，则相应指标预考核的绩效奖金不再发放。

3.4.6 奖励。为调动预算各成本中心的积极性，使其认真履行职责，严格管理、严格控制，积极开展节能降耗措施，努力提高经济效益，月度或年度终了后根据预算执行的情况进行适当奖励。

各预算指标的完成情况及各归口管理部门（成本中心）的考评结果是年终奖励分配的重要依据。

奖励前提条件：完成公司董事会下达的年度预算目标。

12-05 月度滚动预算考核评价管理办法

月度滚动预算考核评价管理办法

1 目的

为强化基础管理，提升管理水平，降低运营成本，公司以全面预算管理为切入点，落实细化月度滚动预算，完善月度考核与预警机制，特制定本办法。

2 适用范围

适用于公司月度滚动预算的考核和评价。

3 管理规定

3.1 月度滚动预算的执行与考核

3.1.1 月度滚动预算执行的原则。

（1）严格按照年度预算和月度滚动预算的内容执行。

（2）有预算不代表一定要执行，预算金额不一定是执行金额。

（3）无预算的项目原则上不执行。

（4）对于特殊情况确需增加的项目要严格按照《公司预算外支出审批流程》执行。

3.1.2 月度滚动预算的考核（见下表）。

月度滚动预算的考核		
考核项目	考核内容及标准	
预算编制过程的考核	预算报送时间考核	（1）未按时间要求上报的部门，第一次扣部门领导绩效1分，时间超过一天以上的扣2分 （2）连续两次以上（含两次）未按时间要求上报的部门，每次扣部门领导绩效3分
	预算编制质量考核	（1）未按照公司统一预算表格式编制的部门，每次扣部门领导绩效1分 （2）预算表内项目汇总数、明细数、累计数编制不全的部门，每漏一项扣部门领导绩效1分 （3）预算表的汇总数与明细不一致的部门，每发现一次扣部门领导绩效1分 （4）预算上报数超出年度下达预算指标的部门，每发现一项扣部门领导绩效2分
预算管理的其他考核		（1）预算外费用未按照公司预算外审批流程报批的部门，每次扣部门领导绩效1分 （2）预算外费用指标追加申请表经公司领导批准后未报预算管理办公室备案的部门，每次扣部门领导绩效1分

3.1.3 公司级预算执行情况的考核按照《公司级成本费用指标与全员绩效挂钩管理办法》执行，考核结果与全体员工绩效挂钩。

3.1.4 部门级预算执行情况考核，单项指标的考核（责任部门以责任书为准），考核结果与部门领导绩效挂钩。

3.2 月度滚动预算预警

月度滚动预算预警包括两部分：单项指标预警和成本费用指标预警。

3.2.1 单项指标预警。

（1）对以下指标的当期单项指标值超过年度目标值的则进行预警：产成品资金占用、生产资金占用额、内部质量损失额、外部质量损失额、采购资金占用、索赔净损失额、资产负债率、工会经费。

（2）对以下指标的当期单项指标值低于年度目标值的则进行预警：货款回收率、净资产收益率、现金流动负债比率、经济增加值、应收账款周转次数、存货周转次数、工业增加值。

（3）对以下指标的当期单项指标值低于月度滚动预算值的则进行预警：销售收入、净利润。

（4）对以下指标的当期单项指标值超过月度滚动预算值的则进行预警：销售费用、员工教育经费、管理费用、财务费用。

（5）对以下指标的当期累计单项指标值低于年度目标值进度的则进行预警：其他业务收入、利润、节能降耗、技术创新降成本、采购降成本、质量降成本、制造降成本、经营活动现金净流量、管理降成本、消耗物质降低率。

3.2.2　成本费用指标预警。

（1）部门费用指标的当月值超过预算值的则进行预警，同时冲减次月费用预算指标。

（2）生产制造部成本费用指标的当月值超过预算值的则进行预警，同时冲减次月成本费用预算指标。

3.2.3　当月未完成的部门进行黄色预警；连续两月未完成的进行红色预警，同时要求该部门提出书面整改措施。

3.3　成本费用季度评价

3.3.1　评价范围。评价指标包含成本费用指标和专项成本降低指标（技术创新降成本、采购降成本、制造降成本、质量降成本、管理降成本等指标）。

被评价部门包含公司所有部门。

3.3.2　评价原则。

（1）单项节约计奖以成本费用总额控制在预算目标之内为前提。

（2）专项成本降低指标计奖以完成公司下达的年度目标为前提。

（3）实行季度评价与年度评价相结合，季度兑现当期奖励的50%，年度结束后统一结算余额。

3.3.3　评价标准。

（1）成本费用指标评价标准。每个季度末次月5日前，由财务部根据各部门的成本费用实际发生额与预算金额进行比较，确定评价结果，并于当月10日前将评价结果及奖励分配方案报公司预算管理委员会审批，公司预算管理委员会批准后按流程发放奖励。

对各部门的奖励采取单项计算的方法，节约的成本费用项目逐一计算奖励金额，各项目奖励之和即是对各部门的奖励。奖励金额的具体计算标准如下。

——5%<单项节约比例≤10%，奖励金额等于该项成本费用节约金额乘以节约比例。

——10%<单项节约比例≤20%，奖励金额等于该项成本费用节约金额乘以节约比例的80%。

——单项节约比例>20%时，奖励金额等于该项成本费用节约金额乘以节约比例的40%。

（2）专项成本降低指标评价标准。每个季度末次月5日前，由各部门将上季度评审后的专项成本降低指标完成情况上报财务部，财务部根据各部门的专项成本降低指标完成情况与阶段降低目标进行比较，确定评价结果，并于当月10日前将评价结果及奖励分配方案报公司预算管理委员会审批，公司预算管理委员会批准后按流程发放奖励。具体计算标准如下。

——完成率<100%，部门无奖励。

——完成率≥100%，部门奖励额等于阶段目标值乘以1%加上超额部分乘以5%，奖励给项目牵头部门和相关配合部门，具体分配方案由项目牵头部门提出并上报公司预算管理委员会批准。

3.3.4 评价流程。

（1）各部门上报各项指标完成情况。

（2）财务部确定评价结果。

（3）项目牵头部门提出奖励分配方案。

（4）公司预算管理委员会批准奖励金额和分配方案。

（5）综合管理部开具成本节约奖励通知。

（6）财务部发放成本节约奖励。

（7）各部门将手续齐全的发放明细表交财务备案。

第13章 资产管理制度

13-01 货币资金内部控制制度

货币资金内部控制制度

1 目的

为保护货币资金的安全，提高货币资金的使用效率，规范收付款业务程序，特制定本规范。

2 适用范围

适用于公司的货币资金业务。

3 管理规定

3.1 管理和控制的基本原则

3.1.1 严格职责分工，实行交易分开，实行内部稽核，实施定期轮岗制度。

（1）岗位内部牵制。

——钱账分管。

——收付款申请人、批准人、会计记录、出纳、稽核岗位分离，不由一人办理收付款业务的全过程。

——出纳人员不兼任稽核、会计档案保管和收入、支出、费用、债权债务账目的登记工作。

（2）业务归口办理。

——公司的现金收付款业务由财务部门统一办理，并且只能由出纳办理。

——非出纳人员不得直接接触公司的货币资金。

——银行结算业务只能通过公司开立的结算账户办理。

——收款的收据和发票由财务部门的专人开具。

（3）岗位定期轮换。

——出纳人员3年内必须轮换一次。

——相关的会计岗位原则3年轮换一次，最长不超过5年。

3.1.2 财务部负责资金筹集、调度、使用、审核。

（1）财务部是公司货币资金管理的职能部门，根据预算目标，负责公司的资金筹集、调度、使用、审核等项具体工作。

（2）财务部应如实反映货币资金的收付和结存情况，保证货币资金的账实相符，监督货币资金的合理节约使用。同时，建立货币资金业务的岗位责任制，明确相关部门和岗位的职责权限，确保办理货币资金业务的不相容岗位的相互分离、制约和监督。办理货币资金业务，应当配备合格的人员，并根据单位具体情况进行岗位轮换。

3.1.3 建立授权批准制度。应当对货币资金业务建立严格的授权批准制度，明确审批人对货币资金业务的授权审批方式、权限、程序、责任和相关控制措施，规定经办人办理货币资金业务的职责范围和工作要求。

（1）授权方式。

——公司对董事会的授权由公司章程规定和股东大会决定。

——公司对董事长和总经理的授权，由公司董事会决定。

——公司总经理对各其他人员的授权，每年年初由公司以文件的方式明确。

（2）权限。可参见公司章程和公司内部授权文件。

（3）批准和越权批准处理。

——审批人根据货币资金授权批准制度的规定，在授权范围内进行审批，不得超越审批权限。

——经办人在职责范围内，按照审批人的批准意见办理货币资金业务。

——对于审批人超越授权范围审批的货币资金业务，经办人有权拒绝并应拒绝办理，并及时向审批人的上级授权部门报告。

3.2 付款业务流程及控制要求

付款业务流程如下图所示。

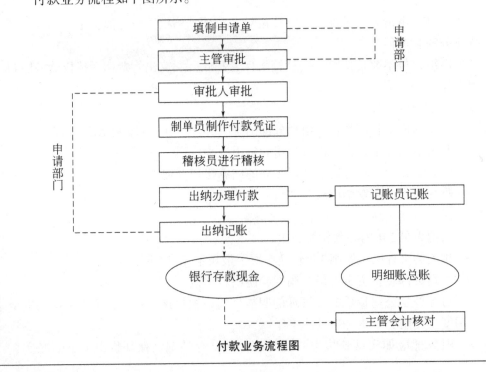

付款业务流程图

3.2.1 支付申请。用款经办人办理支付申请事项，要求如下。
（1）填写付款申请单，注明款项的用途、金额、预算、支付方式等。
（2）附相关附件：计划、发票、入库单等。需经股东大会、董事会批准的事项，必须附有股东大会决议、董事会决议。
（3）由经管部门的经管人员办理申请。
（4）＿＿＿＿元以上现金支付提前1天通知财务部门。

3.2.2 支付审批。
（1）申请部门主管。
——核实该付款事项的真实性，对该项付款金额合理性提出初步意见。
——对有涂改现象的发票一律不审核。
——对不真实的付款事项拒绝审核。
（2）核决人。
——在自己核决权限范围内进行审批。
——对超过自己核决权限范围的付款事项审核后转上一级核决人审批。
——对有涂改现象的发票一律不审批。
——对不符合规定的付款拒绝批准。

3.2.3 支付复核。
（1）制单员。
——复核支付申请的批准范围、权限是否符合规定。
——审核原始凭证包括日期、收款人名称、税务监制章、经济内容等要素是否完备。
——手续和相关单证是否齐备。
——金额计算是否准确。
——支付方式是否妥当。＿＿＿＿元以上的单位付款应采用银行结算方式支付。
——收款单位是否妥当。收款单位名称与合同、发票是否一致。
（2）稽核员。
——复核制单员的账务处理是否正确。
——对制单员复核的内容再复核。
——审核付款单位是否与发票一致。
——复核后直接交出纳办理支付。

3.2.4 办理支付。支付工作由出纳来办理，其具体要求如下。
（1）对付款凭证进行形式上复核。
——付款凭证的所有手续是否齐备。
——付款凭证金额与附件金额是否相符。
——付款单位是否与发票一致。

（2）出纳不能保管所有预留银行印鉴。

（3）现金支付有另人复点或至少复点两次；开出的银行票据有另人复核。

（4）非出纳人员不得接触库存现金和空白票据。

（5）付款后在付款凭证及附件上盖上"付讫"章。

3.2.5 核对。核对工作由主管会计来完成。

（1）总账与现金、银行存款账核对。

（2）总账与明细账核对。

（3）编制银行存款余额调节表，对未达账项核实，并督促经办人在10日内处理完毕。

（4）与银行定期核对余额和发生额。

（5）每月不定期对现金抽点两次。

3.3 收款业务流程及控制要求

收款业务流程如下图所示。

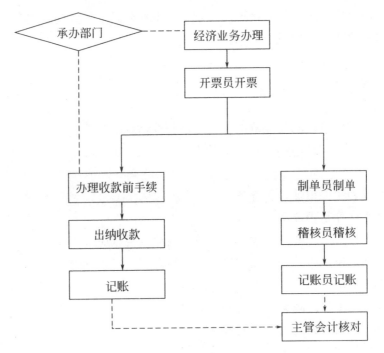

收款业务流程

3.3.1 经济业务办理。业务承办人要做好以下事项。

（1）按公司的业务操作规程进行业务商洽、签订合同等。

（2）按公司授权由被授权人批准交易价格、折扣方式及比例等。

（3）与财务部门商定或按财务部门规定确定结算方式和付款期。

（4）开具业务凭单如发货单等并送交发票员开票。

3.3.2 开具发票。由开票员负责，具体要求如下。
（1）按公司规定领用、保管发票和收据。
（2）开具规范，填写内容完整，内容真实。
（3）发票开具后，由另一人审核。
（4）下班前汇总、打印收据、发票开具清单，并附记账联报送销售会计。
（5）发票联、税务抵扣联移送业务承办人，并办理签收手续。
3.3.3 办理收款前手续。由业务承办人负责，具体要求如下。
（1）催收应收款项。
（2）通知交款人付款。
——告知交款人到财务部门交款。
——受理结算票据或告知交款人到银行进账。
——辨别真假。
（3）登记结算票据受理登记簿，向财务部门移交结算票据并办理移交手续。
3.3.4 收款。由出纳负责，具体要求如下。
（1）接受业务承办人移交的结算票据。
（2）对受理的结算票据难辨其真伪时，及时送交银行鉴别。
（3）登记结算登记簿，妥善保管结算票据。
（4）办理银行票据结算或贴现手续。
（5）验证收取现金并送交银行。
（6）将收款通知单送交制单员，告知相关部门。
（7）编制收款周报表，分送相关部门。
（8）收款后在收款凭证及附件上盖上"收讫"章。
3.3.5 制单。由制单员负责，具体要求如下。
（1）对发票、收据进行审核，审核其完整性。
（2）对发票、收据的记账联及时进行账务处理。
（3）对收款通知单进行审核并及时进行账务处理。
——审核收款日期与合同是否相符。
——审核收款金额发票与应收款余额是否相符。
（4）审核收款方式是否合适。
（5）审核折扣审批者是否超过其权限。
3.3.6 稽核。由稽核员负责，具体要求如下。
（1）复核制单员的账务处理是否正确。
（2）对制单员复核的内容再复核。
（3）抽查核实收款凭证与对账单等是否相符。
3.3.7 记账。由记账员负责，会计电算系统在凭证稽核后自动记账。
3.3.8 核对。由主管会计负责，具体要求如下。

（1）总账与现金、银行存款日记账核对。

（2）总账与明细账核对。

（3）编制银行存款余额调节表，对未达账项核实，并督促经办人在10日内处理完毕。

（4）与银行定期核对余额和发生额。

（5）每月不定期对现金抽点两次。

3.4 现金管理

3.4.1 现金收取。

（1）现金收取范围包括：销售的零星货款和零星劳务外协加工收入；公司员工或外单位结算费用后补交的余额款；不能通过银行结算的经济往来收入；暂收款项及其他收入。

（2）收取的现金当天由出纳解交银行。

3.4.2 现金支付。

（1）现金支付的范围包括员工工资、奖金、津贴；个人劳务报酬；根据国家规定颁发给个人的科学技术、文化艺术、体育等各种奖金；各种劳保、福利费用以及国家规定对个人的其他支出；向个人收购物资的价款支出；出差人员必须随身携带的差旅费；结算起点（_____元）以下的零星支出；确实需要支付现金的其他支出。

（2）凡不符合上述现金支付范围的支出，均通过银行办理结算。

3.4.3 现金保管。

（1）公司的现金只能由出纳员负责经管。

（2）存放现金保险箱（柜）的存放地点的门窗必须设有金属安全栏，保险箱（柜）加装安全报警装置。

（3）公司现金出纳和保管的场所，未经批准不得进入。

（4）由基本户开户银行核定现金库存限额，出纳员在每天下午4:00前预结现金数额，每日的现金余额不得超过核定的库存限额，超过部分，及时解交银行。

（5）出纳保险柜内，只准存放公司的现金、有价证券、支票等，不能存放个人和外单位现金（不包括押金）或其他物品。

（6）出纳保险柜的钥匙和密码只能由出纳员掌管，不得将钥匙随意乱放，不得把密码告诉他人。

（7）出纳员离开出纳场所，必须在离开前，将现金、支票、印鉴等放入保险柜并锁好。

（8）出纳人员变更，新的出纳员必须及时变更保险柜密码。

（9）公司向银行提取现金时，必须有2人同行或派车办理。

（10）出纳人员应每天对现金进行盘点，并保证账实相符，财务部门主管每月至少应对出纳的现金抽点两次，并填写抽查盘点表。

3.4.4 现金结算。

（1）出纳员办理现金付出业务，必须以经过审核的会计凭证作为付款依据，未经审核的凭证，出纳有权拒付。

（2）对于违反财经政策、法规及手续不全的收支有权拒收、拒付。

（3）对于发票有涂改现象的一律不予受理。

（4）现金结算只能在公司规定的收支范围内办理，企业之间的经济往来均须通过银行转账结算。

（5）借支备用金、报销等需支取现金_____元以上的领取人，须提前1天通知出纳员；提取现金额达到或超过银行规定需预约金额的，出纳员应提前1天与银行预约。

（6）发现伪造变造凭证、虚报冒领款项，应及时书面报告财务负责人，金额超过_____元以上者，应同时书面报告总经理。

（7）及时、正确记录现金收付业务，做到现金账日清月结，账实相符。

（8）严格遵守现金管理制度，出纳员及公司其他人员不得有下列行为。

——挪用现金。

——"白条抵库"。

——"坐支"现金。

——借用外单位账户套取现金。

——谎报用途套取现金。

——保留账外公款。

——公款私存。

——设立小金库。

——其他违法违纪行为。

3.5 银行存款管理

3.5.1 账户开设和终止。

（1）公司统一由财务部门在银行开立基本账户、一般存款账户、临时存款账户和专用存款账户，并只能开设一个基本存款账户。

（2）公司需要开设账户及选择银行开设账户，由财务部门提出申请，报财务部经理批准。

（3）公司已开设的银行账户需要终止时，由财务部门提出申请，报财务部经理批准。

（4）公司各事业部的银行账号的开设和终止由公司财务部办理。

3.5.2 银行印章管理。

（1）银行印章至少须有以下两枚。

——公司财务专用章。

——公司法人代表人名章（或财务部经理人名章）。

（2）银行印章保管。

——财务专用章和法人代表人名章（或财务部经理章）由财务部门1名主管保管。

——出纳人名章由出纳员保管。

——银行印章不用时应存放在保险柜中。

（3）不得乱用、错用银行印章，不能将银行印章提前预盖在空白支票等结算票据上。

3.5.3　结算纪律。

（1）银行账户由出纳管理。

（2）除按规定可用现金结算外的经济业务，均采用银行转账结算。

（3）银行结算票据如支票、汇票等由出纳统一签发和保管，签发支票须写明收款单位名称、用途、大小写金额及签发日期等，加盖银行预留印章后生效，付款用途必须真实填写。

（4）办理银行结算业务必须遵守银行规定，正确采用各种结算方式，结算凭证的附件必须齐全并符合规定。

（5）及时正确办理银行收付款结算业务。

（6）一般不签发空白支票，特殊情况由财务部经理批准。

（7）不得利用银行账户代替其他部门和个人办理收付款事项，不得租赁或转让银行存款账户，不得签发空头支票，不得签发远期支票。

（8）对于违反财经政策、法规、公司规定及手续不完善的收支拒绝办理。

（9）出纳每月定期与银行核对账目，发现差错及时更正，每月终了3个工作日内由会计主管到银行拿取银行对账单，并编制"银行存款余额调节表"，未达账项由会计主管和出纳督促经办人在10日内处理完毕。

3.6　票据管理

3.6.1　结算票据的购买、保管由出纳员负责，空白票据和未到期的票据必须存入保险柜。

3.6.2　购买或接受票据后，立即登记到票据登记簿上。

3.6.3　业务部门接到票据应立即将票据解送银行或移交出纳员，票据到达公司后在业务部门不过夜。

3.6.4　票据贴现或到期兑现后，以及签发票据，出纳员应在票据登记簿内逐笔注明或注销。

3.6.5　出纳必须每天对票据登记簿进行清理核对，保证票据在有效期内或到期日能正常兑现。

3.6.6　银行承兑汇票、商业承兑汇票的接受、背书转让、换新、签发必须经财务部经理批准，贴现必须经过总经理批准或由总经理授权财务部经理审批。

3.6.7　票据的签发、背书转让须严格按银行规定办理。

3.6.8 票据被拒绝承兑、拒绝付款，出纳员必须立即查明原因并在第一时间报告财务部经理，并通知业务经办人，采取相应补救措施。

3.6.9 票据发生丢失，丢失人应立即向财务部门报告，财务部门经理应立即派出纳办理挂失止付手续，同时在3日内按规定派人向法院申请办理公示催告手续。

3.7 货币资金收支计划、记录及报告

3.7.1 公司的财务收支计划由财务部经理负责汇总、编制、报审和下达。

（1）公司各部门及用款单位每月月度终了前2天向财务部报送资金收支计划。

（2）财务部经理每月月度终了前一天将公司各部门及用款单位的收支计划汇总，报总经理。

（3）公司出现重大资金调度，由总经理主持召开资金调度会，平衡调度资金。

（4）财务部经理根据批准的资金收支计划下达各部门及用款单位。

3.7.2 公司资金使用由财务部经理根据资金收支计划予以安排，并按本制度规定的审批权限予以审批。

3.7.3 资金收支计划不能实现时，由财务部经理会同相关部门查明原因，并提出调整计划报总经理批准。

3.7.4 资金使用部门出现追加付款事项，需要追加支出计划，必须提前3天提出资金支出增加计划，报财务部经理审核，由财务部经理提出调整计划报总经理批准。

3.7.5 出纳人员每天下班前必须将当日发生的货币收支业务发生额及余额报告财务部经理，每周完了的次周星期一向财务部经理和总经理报送货币资金变动情况表。

3.8 损失责任

3.8.1 付款申请人，虚构事实或夸大事实使公司受到损失，负赔偿责任并承担其他责任。

3.8.2 部门主管审核付款申请，未查明真实原因或为付款申请人隐瞒事实真相或与付款申请人共同舞弊，使公司受到损失，负连带赔偿或赔偿责任，并承担其他责任。

3.8.3 审批人超越权限审批，或明知不真实的付款予以审批，或共同作弊对公司造成损失，负连带赔偿责任或赔偿责任，并承担其他责任。

3.8.4 制单员、稽核员、出纳员，对明知手续不健全或明知不真实的付款予以受理或共同舞弊，使公司受到损失，负连带赔偿责任或赔偿责任，并承担其他责任。

3.8.5 出纳人员未按时清理票据，票据到期未及时兑现造成损失，由出纳承担赔偿责任。

3.8.6 由于未遵守国家法律、法规和银行的有关规定，致使公司产生损失或责任，由责任人承担损失或责任，由其上一级主管承担连带责任。

3.8.7 承担其他责任是指承担行政责任和刑事责任。

13-02 固定资产内部控制制度

固定资产内部控制制度

1 目的

为规范固定资产的管理行为,防范固定资产管理中的差错和舞弊,保护固定资产的安全、完整,提高固定资产使用效率,特制定本制度。

2 适用范围

适用于公司的固定资产管理。

3 权责部门

3.1 使用部门:提出固定资产的购置、大修理申请;固定资产的保管、日常维修、维护和保养;固定资产处置申请;建立本部门的固定资产台账。

3.2 采购部门:提出固定资产购置预算;下达固定资产购置计划;组织固定资产验收;办理固定资产处置和转移;建立固定资产台账和卡片;组织编制固定资产目录。

3.3 财务部门:建立固定资产台账;对固定资产进行会计核算;参与固定资产的验收、检查、处置和转移工作;每年年底组织固定资产盘点。

3.4 审计部门:对采购或建造合同进行审计;参与固定资产的验收、检查、处置和转移工作。

4 管理规定

4.1 固定资产的标准与分类。

4.1.1 固定资产标准:为生产商品、提供劳务、出租或经营管理而持有的;使用寿命超过一个会计年度。

4.1.2 固定资产分类:房屋及建筑物;通用及专用设备;运输设备。

4.2 固定资产计价。按照取得时的成本进行初始计量。

4.3 固定资产核算。

4.3.1 财务部负责公司固定资产的核算。财务部在总分类账中设置"固定资产"一级科目,并相应建立固定资产明细分类账,设备部应设立明细账和卡片,做到账、卡、物相符。

4.3.2 固定资产的管理。设备部负责通用及专用设备、办公室负责房屋及建筑物、采购部负责运输设备的论证、购置、安装、调试、验收、维修以及内部转移、封存、启封,以及旧设备的报废、清理、回收等工作。

4.3.3 固定资产增加的核算。

(1)投资人投入的固定资产。一方面反映固定资产增加;另一方面要反映投资人投资额的增加。

(2)基建新增加固定资产。包括新建、改建工程移交使用的房屋建筑物。一般项目由施工单位、负责基建部门、财务部和接受使用部门负责人共同验收,验收合格才能交付使用,并由基建部门填制"固定资产投产使用单"作为财务入账依据。

(3) 购入的固定资产。包括属于技改购入的设备以及本公司自制设备,安装完工后,由施工单位组织设备部、财务部及使用部门共同参加验收,经验收合格后的手续同上。

(4) 自制、自建的固定资产。企业自制、自建的固定资产经通过"在建工程"科目核算,完工时,从该科目转入"固定资产"科目。

4.3.4 固定资产减少的核算。

(1) 各种设备的报废由设备部办理有关手续,即由设备部提出申请,并对报废设备进行评价,使用单位证明、财务部签字,经总经理批准后执行。

(2) 有偿调拨设备、变价出售,先由设备部提出处理意见,会同财务部、使用部门提出方案,一般设备经总经理批准后处理,关键设备、成套设备或重要建筑物须报董事会审批后进行处理,单项资产处置金额超过资产处置行为发生时公司净资产的30%时,应报股东大会批准,并进行相应会计处理。

(3) 各种设备出厂,一律由设备部签发出厂证,并经财务部盖章,门卫方可放行。

4.4 固定资产折旧管理。

4.4.1 折旧方法。固定资产折旧采用直线法,并按固定资产预计使用年限和预计3%的残值率确定其分类和折旧率,具体见下表。

固定资产折旧表

类别	适用年限/年	年折旧率/%
房屋、建筑物	30	3.23
通用设备	10	9.7
专用设备	10	9.7
运输设备	8	12.12

4.4.2 折旧的核算。财务部负责对固定资产提取折旧的核算,并在总分类账中设置"累计折旧"科目,通过编制"固定资产折旧计算表"来进行核算。

4.5 固定资产取得与验收控制。

4.5.1 固定资产投资预算管理。

(1) 公司固定资产投资预算的编制、调整、审批、执行等环节,按《公司预算管理实施办法》执行。

(2) 公司根据发展战略和生产经营实际需要,并综合考虑固定资产投资方向、规模、资金占用成本、预计盈利水平和风险程度等因素编制预算。

(3) 在对固定资产投资项目进行可行性研究和分析论证的基础上合理安排投资

进度和资金投放。

4.5.2 固定资产外购业务流程及控制要点。固定资产外购业务流程如下图所示。

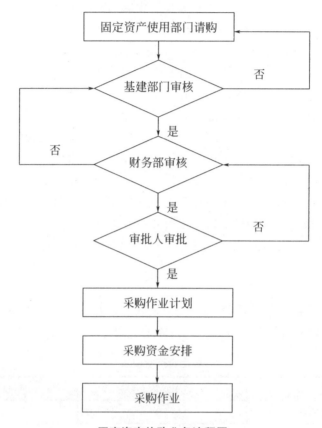

固定资产外购业务流程图

（1）采购申请。由固定资产使用部门书面提出采购申请，请购申请的固定资产，年初列入年度预算；要求采购项目已经可行性论证并且可行；对请购的固定资产的性能、技术参数有明确要求。

（2）审核。审计部门负责核实采购申请是否列入年度预算，按相关制度进行合同审计。审计部门对采购合同（_____元以上）进行事前审计，未经审计，采购部门不得进行采购作业。

（3）审批。由相关审批人按照公司授权，在授权范围内审批；审批时应充分考虑审核部门的意见，未经审核的采购项目不予审批。

（4）采购作业计划。采购部门负责采购作业计划的制订与下达。

——未经批准的项目和越权批准的项目不予下达采购作业计划。

——采购计划一式三份，财务、采购、仓库各一份。

——采购作业计划须经授权批准人批准。

（5）资金安排。财务部根据采购作业计划准备资金，未经批准的采购项目不予安排资金。

（6）采购作业。采购作业由采购部门执行。

——严格按采购作业计划书规定的规格、型号、技术参数采购。

——除特殊采购项目外，必须有3家以上的预选供应商。

——比价采购或招标采购。

——必须签订采购协议，并经审计部门审计。

4.5.3 紧急采购。

（1）紧急采购必须由总经理批准或授权审批人批准。

（2）紧急采购不属于须经股东大会或董事会批准的采购项目。

（3）未经总经理批准或授权审批人批准，采购部门不得采购。

4.6 固定资产验收和交付使用。

4.6.1 固定资产验收。

（1）固定资产验收由基建部门会同采购部门、使用单位、财务部门、审计部门组成验收小组，区别固定资产的不同取得方式进行验收工作。

（2）对外购固定资产，验收小组应按照合同、技术交底文件规定的验收标准进行验收；对重要设备验收，必须有供应商派员在场时，方能开封验收；验收不合格时，及时通知供应商，并由基建部门组织相关人员与供应商协商退货、换货、索赔等事项。

（3）验收固定资产时，由基建部门出具验收报告，并与购货合同、供应商的发货单及投资方、捐赠方等提供的有关凭据、资料进行核对。

（4）在办理固定资产验收手续的同时，基建部门应完整地取得产品说明书及其他相关说明资料。

4.6.2 固定资产交付使用。

（1）经验收合格的固定资产，由基建部门填制固定资产交接单一式三份，基建部门、财务部门、使用部门各一份，作为登记固定资产台账和建立固定资产卡片的依据。

（2）对于经营性租入、借用、代管的固定资产，公司设立备查登记簿进行专门登记，避免与公司的固定资产相混淆。

4.7 固定资产购置付款。按公司《货币资金内部控制流程规范》的有关规定办理。

4.8 固定资产的日常管理控制。

4.8.1 固定资产账卡设置。

（1）固定资产目录册。公司固定资产管理部门（基建部门）会同财务部门以及相关部门，编制固定资产目录册，在目录册中明确固定资产编号、名称、类别、规格、型号，以及折旧年限、折旧方法、预计残值等，目录册经董事会批准后，不得随意改变,并备置于公司本部。

(2)固定资产台账和卡片。

——公司财务、管理部门、使用部门分别设置"固定资产登记簿"和"卡片",反映固定资产编号、名称、类别、规格、型号、购置日期、原始价值等资料。

——公司管理部门与使用部门、财务部门定期核对相关账簿、记录、文件和实物,发现问题,及时向上级报告和处理,以确保固定资产账账、账实、账卡相符。

4.8.2 对固定资产实行"定号、定人、定户、定卡"管理。

(1)定号管理。固定资产管理部门(基建部门)负责编制固定资产目录,对每个单项固定资产都分类、分项统一编号,并制作标牌固定在固定资产上。

(2)定人保管。根据"谁用、谁管、谁负责保管维护保养"的原则,把固定资产的保管责任落实到使用人,使每个固定资产都有专人保管。

(3)定户管理。以每个班组或部门为固定资产管理户,设兼职固定资产管理员,对班组、部门的全部固定资产的保管、使用和维护保养负全面责任。

(4)定卡管理。以部门班组为单位,为每个固定资产建立固定资产保管卡,记录固定资产的增减变动情况。调入增加时,开立卡片,登记固定资产的调入日期、调入前的单位、固定资产的统一编号、主机和附件名称、规格及型号、原始价值和预计使用年限,以及开始使用的日期和存放的地点;调出时,登记固定资产的调出日期、接受单位和调令编号,并注销卡片。

4.8.3 固定资产的维修保养。

(1)公司基建部门会同生产部门以及相关部门制定固定资产维修保养制度,保证固定资产正常运行,控制固定资产维修保养费用,提高固定资产使用效率。

(2)保管部门和操作人员定期对固定资产进行检查、维护和保养,公司基建部门会同生产部门定期对固定资产的使用、维修和保养情况进行检查,及时消除安全隐患,降低固定资产故障率和使用风险。

(3)固定资产需要大修,由使用部门提出申请,固定资产管理部门(基建部门)、生产技术工艺部门、使用部门、财务部门共同组织评估,提出修理方案,经授权审批人审批后,由固定资产管理部门组织实施。固定资产大修验收是固定资产管理部门、使用部门、生产技术部门、财务部门共同组织验收。

(4)固定资产维修(包括大修)保养费用,纳入公司年度预算,并在经批准的预算额度内执行。

(5)公司定期组织对新设备的操作人员、设备的新操作人员进行培训以及对操作人员定期进行技术考核,以降低固定资产的操作使用风险。

4.8.4 固定资产投保。

(1)投保范围。

——公司固定资产在取得之后尚未投保且具有损失危险的,应办理保险或附加保险;对于不易发生损失危险的,应在报请公司领导批准之后可不予投保。

——已办理保险但其受益人变更时，须办理变更手续。

——当固定资产作抵押品时，认定不易发生损失危险因而未予投保的，如果债权人要求投保，仍应该予以投保。

（2）投保办理单位。

——申请部门：固定资产管理部门。

——审核部门：财务部门。

——经办部门：固定资产管理部门、财务部门。

（3）投保手续。

——固定资产管理部门根据领导批准的投保项目，提出投保申请。

——财务部接受投保申请经审核后，填制"投保书"，向保险公司办理投保手续。

——财务部在订立保险合同之后，保单自存，保单副本两份连同收据送固定资产管理部门核对后，一份留存，另一份连同收据留财务部门据以付款。如果投保的固定资产因提供抵押，而必须办理受益人转移时，则保单正本交债权人收存。

4.8.5　固定资产清查盘点。

（1）盘点方式。

——每年年终时由财务部门会同固定资产管理部门、固定资产使用部门组成清查盘点小组，对公司的所有固定资产进行一次全面盘点，根据盘点结果详细填写固定资产盘点报告表，并与固定资产账簿和卡片相核对，发现账实不符的，编制"固定资产盘盈盘亏表"并及时作出报告。

——公司财务部、固定资产管理部门在年中应不定期对固定资产进行抽点检查。

（2）人员分工：使用部门为盘点人，财务部门为会点人，管理部门为复点人。

（3）盘点程序。

——财务部依据固定资产目录拟订盘点计划。

——使用部门与管理部门做好盘点前的准备。

——盘点人员现场实地盘点，编制"固定资产盘点报告表"一式三份，一份交使用部门，另一份交管理部门，第三份由财务部呈报总经理核准后作为账务处理依据。

——财务部经账实核对后，编制"固定资产盘盈盘亏表"，计算盘盈、盘亏结果，并将结果反馈给使用部门和管理部门。

——使用部门对盈亏差异进行分析，找出原因，分清责任，形成书面报告，由管理部、财务部出具意见后，报授权审批人审批。

——财务部依据审批人的审批意见，进行相关账户调整。

4.8.6　固定资产使用状态变动。

（1）公司启封使用固定资产或将固定资产由使用状态转入转存状态，须履行审批手续。

（2）公司改变固定资产状态并变更固定资产保管地点的，固定资产管理部门、财务部门、保管部门应在固定资产登记簿进行登记。

4.9 固定资产处置和转移控制。

4.9.1 固定资产处置。固定资产处置业务流程如下图所示。

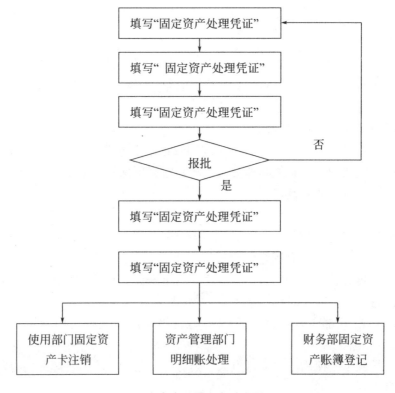

固定资产处置业务流程图

（1）处置申请。公司根据固定资产的实际情况和不同类别，由相关部门提出建议或报告，固定资产管理部门填制"固定资产处置申请表"。

——对使用期满正常报废的固定资产，应由固定资产管理部门填制"固定资产报废单"，经授权部门或人员批准后进行报废清理。

——对使用期未满，但不能满足生产要求，需要报废或提前处置的固定资产，由使用部门提出书面报告，管理部门组织鉴定，经授权部门或人员批准后进行报废或处置。

——对未使用、不需用的固定资产，应由固定资产管理部门提出处置申请，经授权部门或人员批准后进行处置。

——对拟出售或投资转出的固定资产，应由有关部门或人员填制"固定资产处置申请表"，经单位授权部门或人员批准后予以出售或转作投资。

（2）处置鉴定。由固定资产管理部门根据有关部门提出的固定资产处置申请报告，组织有关部门的技术专业人员对处置的固定资产进行经济技术鉴定，填制"固定资产处置申请表"，确保固定资产处置的合理性。

（3）处置审批。公司根据权限对固定资产管理部门上报的"固定资产处置申请表"进行审查，并签署意见。

（4）处置审核。

——公司审计部在处置前会同相关部门或人员对固定资产的处置依据、处置方式、处置价格等进行审核，重点审核处置依据是否充分、处置方式是否适当、处置价格是否合理。

——财务部在处置后根据审批人批准的呈批表，认真审核固定资产处置凭证，检查批准手续是否齐全、批准权限是否适当等，审核无误后据以编制记账凭证，进行账务处理。

（5）公司财务部、审计部应参与固定资产的处置过程并对其进行监督。

（6）公司财务部应当及时、足额地收取固定资产处置价款，并及时入账，其他部门不得经手固定资产处置现款。

4.9.2 固定资产出租、出借。公司出租、出借固定资产，由固定资产管理部门会同财务部拟订方案，经授权人员批准后办理相关手续，签订出租、出借合同。合同应当明确固定资产出租、出借期间的修缮保养、税赋缴纳、租金及运杂费的收付、归还期限等事项。

4.9.3 固定资产内部调拨。公司内部调拨固定资产，由固定资产管理部门填制"固定资产内部调拨单"，由调入部门、调出部门、固定资产管理部门和财务部门的负责人及有关负责人员签字后，方可办理固定资产交接手续。

13-03 存货管理制度

存货管理制度

1 目的

为规范存货管理行为，防范存货业务中的差错和舞弊，保护存货的安全、完整，提高存货运营效率，特制定本制度。

2 适用范围

适用于公司在正常生产经营过程中持有以备出售的，或为了出售仍处在生产过程中的，或将在生产过程或提供劳务过程中耗用的存货管理。

3 权责部门

3.1 采购部门：受理采购申请，编制采购作业计划；采购作业；收集市场价格。

3.2 仓储部门：数量验收、保管存货；按发货指令（领料单或发货单）发货；对存货的收、发、存进行记录和报告。

3.3 财务部门：参与制定存货管理政策；参与重大采购合同的签订、采购招标工作；及时对存货进行会计记录；审查采购发票，正确计算存货成本；参与存货盘点，抽查保管部门的存货实物记录。

3.4 审计部门：对存货的采购合同进行审计。

4 管理规定

4.1 存货的分类。存货包括原材料、低值易耗品、在产品、半成品、产成品等。

4.1.1 原材料。原材料是指用于制造产品并构成产品实体的购入物品，以及购入的供生产耗用的不构成产品实体的辅助性材料，包括原辅材料、外购件、修理用配件、包装材料等。

4.1.2 低值易耗品。它是指使用年限短、价值低、易损耗，不作为固定资产管理的各种劳动资料。

4.1.3 在产品。它是指生产过程尚未全部结束正在生产中的产品。

4.1.4 半成品。它是指已经过一定生产过程并已检验合格交付半成品仓库，仍需继续加工的中间产品，可以深加工为产成品，也可单独对外销售。

4.1.5 产成品。它是指企业加工生产过程结束，符合质量技术要求，验收入库，可以对外销售的产品。

4.2 存货的计价。

4.2.1 存货按照取得时的实际成本进行初始计量，期末存货按照成本与可变现净值孰低计量。

4.2.2 原材料、库存商品发出时采用加权平均法核算，低值易耗品采用领用时一次摊销法核算。

4.2.3 本公司存货盘存采用永续盘存制。

4.2.4 期末，按照单个存货成本高于可变现净值的差额计提存货跌价准备，计入当期损益；以前减记存货价值的影响因素已经消失的，减记的金额应当予以恢复，并在原已计提的存货跌价准备金额内转回，转回的金额计入当期损益。对于数量繁多、单价较低的存货，按存货类别计提存货跌价准备。

4.2.5 可变现净值按存货的估计售价减去至完工时估计将要发生的成本、估计的销售费用以及相关税费后的金额确定。

4.3 存货的核算。

4.3.1 财务部应在总分类账中设置"材料采购""原材料""低值易耗品""委托加工材料""自制半成品""产成品""燃料"和"包装物"等一级科目，并相应设置明细分类账，实行价值量、实物量的核算。

4.3.2 各有关责任部门应按存货类别设置明细账，进行实物量的核算。月终，各部门的存货明细分类账余额应与财务总分类账中的有关一级科目余额核对相符。

4.3.3　存货出库单价采用移动加权平均法计算确认；低值易耗品采用领用时一次摊销法核算。

4.4　存货的入库管理。

4.4.1　各类采购物资的入库，必须具备下列条件。

（1）持有按规定审批的准购单和税制发票。

（2）按规定需持有本公司质检部出具的检验合格报告，有特殊规定的应附生产厂家质保单。大宗物资需附委外检定的计量磅码单。

4.4.2　具备入库条件的由各仓管员对隶属其所管辖的物资，按照准购单、税制发票，认真核对品名、规格、数量、金额，确认正确一致方可办理入库手续。经办人员必须持有办理仓库入库单的税制发票才能到财务部门进行报账。

4.4.3　完工自制半成品、产成品的入库，需经质检部门出具检验合格报告，经办人员填写入库单，写明入库产品的品名、规格、型号、实际数量。仓管员必须认真清点入库产品，核对入库产品的品名、规格、型号、实际数量，核对无误才能签字办理入库手续，如有不符，应会同经办人员及时查明原因，及时更正。

4.5　存货的发出管理。

4.5.1　产成品的发出程序。由市场部业务人员根据客户需求和合同订单情况，依据仓库库存产品库存量，开具提货单，报部门负责人审核，总经理签批。提货单一式四联，第一联交仓库提货，第二联交质检部门申请对拟发出货物进行质检，第三联交门卫作为出门证，第四联留存。仓库收到提货联和质检合格联后，开具出库单和送货单发货。送货单需要客户回签，作为运输费用的结算凭证和收取货款的凭据。发出商品按《发出商品管理制度》执行。

4.5.2　原辅材料、包装物、低值易耗品、劳保用品、五金工具、设备维修材料等各类物资的领用程序由经办人开具领料单，并按规定办理签字审批手续，仓管员按领料单开具的物资品名、规格型号、品种、数量发料。期末未用完的物资、材料必须办理退库手续。

（1）各生产车间领用各类原材料、辅助材料、产品包装材料、五金机电、设备维修备品备件，由各车间负责人审批签字。工具机电等物资的领用必须在备品备件库办理领用登记手续。组合车间领用原材料、辅助材料由工艺员审核，车间主管签批。

（2）技术部、质检部领用原辅材料、备品备件，由部门负责人签批。

（3）行政、后勤领用办公用品、备品备件、低值易耗品等物资，由办公室主任审批签字。低值易耗品要建立台账，落实专人负责，并对所管辖物品统一编号，定期与使用部门核对账物。

（4）劳动保护用品的发放由保安部负责人审批签字。

（5）工程物资由行政部根据工程需要填写领料单，并经分管领导审批签字。

4.5.3 对外捐赠和对外投资发出存货。

（1）公司对外捐赠存货，必须按公司授权，经授权审批人审批，有明确的捐赠对象、合理的捐赠方式、可监督检查的捐赠程序，并且签订捐赠协议。

（2）公司运用存货进行对外投资，必须按公司对外投资的规定履行审批手续，并与投资合同或协议等核对一致。

4.6 存货仓储与保管控制。

4.6.1 仓储计划控制。公司根据销售计划、生产计划、采购计划、资金筹措计划等制订仓储计划，合理确定库存存货的结构和数量。

4.6.2 存货接触控制。严格限制未经授权的人员接触存货。

4.6.3 分类保管控制。公司对存货实行分类保管，对贵重物品、生产用关键备件、精密仪器、危险品等重要存货的保管、调用、转移等实行严格授权批准，且在同一环节有2人或2人以上同时经办。

4.6.4 安全控制。

（1）公司按照国家有关法律、法规要求，结合存货的具体特征，建立、健全存货的防火、防潮、防鼠、防盗和防变质等措施，并建立责任追究机制。

（2）公司仓储、保管部门建立岗位责任制，明确各岗位在值班轮班、入库检查、货物调运、出入库登记、仓场清理、安全保卫、情况记录等各方面的职责任务，并对其进行检查。

4.6.5 生产现场存货控制。公司生产部门应当加强对生产现场的材料、低值易耗品、半成品等物资的管理和控制，根据生产特点、工艺流程等，生产班组应对转入、转出存货的品种、数量等以及生产过程中废弃的存货进行登记。

4.7 存货盘点。

4.7.1 盘点安排。

（1）仓管员每月末自盘。

（2）财务部门存货会计每月抽点。

（3）部门负责人每月抽点。

（4）主管副总经理每季抽点。

（5）不定期抽点。

（6）每年年终结账日公司全面盘点。

4.7.2 自盘。

（1）仓管员每月应对自己经管的物资必须自盘一次，库存品种、规格超过100种以上的，可以抽点，抽点比例不低于50%但不少于100种。

（2）自盘时，可要求部门负责人派人协点。

（3）自盘时，发现呆滞物品、变质物品、盘盈盘亏，填写自盘报告单，并由财务部门派人核实。

4.7.3 抽点。

（1）抽点人随机抽点，抽点比例为20%左右。

（2）抽点时，由仓管员配合，将未办妥手续及代管的货物分开存放，并加以标示。

（3）抽点后，由抽点人填写抽点表，抽点人和仓管员签字认可，发现盈亏，填写"盘点盈亏汇总表"报总经理。

4.7.4 年终全面盘点。

（1）年终全面盘点由总经理或财务部经理组织，由财务部门制订盘点计划。

（2）盘点人员包括盘点人、会点人、协点人和监盘人。

——盘点人由盘点小组指定，负责点量工作。

——会点人由财务部门派员担任，负责盘点记录。

——协点人由仓库搬运人员担任，负责盘点时物资搬运。

——监盘人由内部审计人员或总经理派员担任，以及负责年度会计报表审计的会计师事务所派员担任。

（3）盘点日由公司财务部门在盘点计划中确定。

（4）会点人按实际盘点数详实记录"盘点表"，由会点人、盘点人、监盘人共同签注姓名、时间；盘点表发生差错更正，必须在更正时，由盘点人、监盘人及时签字确认。

（5）盘点完毕后，由财务部将"盘点表"中的盈亏项目加计金额填列"盘点盈亏汇总表"，并与仓库、生产等部门共同提出分析报告，经财务部经理审核报总经理。

4.7.5 盘盈盘亏处理。

（1）盘盈盘亏金额按公司审批权限规定审批。

（2）财务部门根据审批结果进行账务处理，仓管员根据审批结果调整库存数量和金额。

（3）公司经理办公会议根据盘盈盘亏分析报告和公司的相关规定对责任人员进行处罚。

4.8 存货记录和报告控制。

4.8.1 存货实物记录。

（1）公司对存货验收、入库、保管、领用、发出及处置等各环节设置记录凭证，登记存货的类别、编号、名称、规格型号、计量单位数量、单价等内容。

（2）存货管理部门（仓库）必须设置实物明细账，详细登记收、发、存存货的类别、编号、名称、规格、型号、计量单位、数量、单价等内容，并定期与财务部核对。

（3）对代管、代销、暂存、受托加工的存货，单独记录，避免与公司存货混淆。

4.8.2 存货会计记录。

（1）公司财务部门按照国家统一的会计制度的规定，对存货及时核算，正确反映存货的收、发、存的数量和金额。

（2）财务部定期与存货管理部门核对存货和存货账，核对不符，及时查明原因，并报告处理。

4.8.3 存货报告。

（1）仓管员每月末编制"存货动态表"，详细反映存货的收、发、存情况。

（2）存货期已超3个月的存货，仓管员应在"存货动态表"中注明其采购或生产时间、生产厂家、库存原因等。

（3）发现存货盈亏、霉烂变质及6个月以上的呆滞物品等情况，及时填写报告单，逐级上报到总经理。

13-04 无形资产管理制度

无形资产管理制度

1 目的

为规范无形资产的管理行为，避免因违反国家法律法规而遭受的财产损失风险，防范无形资产管理中的差错和舞弊，明确职责权限，降低经营决策、资产管理风险，特制定本制度。

2 适用范围

本制度适用于公司的无形资产管理。

3 管理规定

3.1 岗位分工与授权批准

3.1.1 不相容岗位分离。

（1）无形资产投资预算的编制与审批分离。

（2）无形资产的采购、验收与款项支付分离。

（3）无形资产处置的申请与审批、审批与执行分离。

（4）无形资产业务的审批、执行与相关会计记录分离。

3.1.2 经办和核算无形资产业务人员的素质要求。

（1）具备良好的职业道德、业务素质。

（2）熟悉无形资产的用途、性能等基本知识。

（3）符合公司规定的岗位规范要求。

3.1.3 部门具体职责。

（1）总经理办公室：审核无形资产购置方案；审核无形资产相关法律文件。

（2）经办部门：提出无形资产购置方案；组织实施无形资产业务取得过程；组织无形资产验收；办理无形资产处置；建立无形资产台账；定期对无形资产的安全、适用性进行检查。

（3）财务部：建立无形资产台账；对无形资产进行会计核算；参与无形资产的验收、检查、处置工作；定期进行无形资产清查盘点；监督、指导管理部门对无形资产的管理。

3.2　无形资产取得与验收控制

3.2.1　无形资产投资预算管理。

（1）公司无形资产投资预算的编制、调整、审批、执行等环节，按《预算控制制度》执行。

（2）公司根据发展战略和生产经营实际需要，并综合考虑无形资产投资方向、规模、资金占用成本、预计盈利水平和风险程度等因素编制预算。

（3）对无形资产投资项目进行可行性研究和分析论证的基础上合理安排投资进度和资金投放。

3.2.2　无形资产外购流程（见下表）。

无形资产外购流程

业务操作	操作人	内控要求
采购申请	各经办部门	（1）根据年度预算提出请购申请 （2）采购项目已经可行性论证并且可行 （3）对请购的无形资产的性能、技术参数有明确要求 （4）编制"无形资产购置申请表"
审核	财务部	（1）审核合同条款的合规性 （2）审核财务相关条款的适用性
审批	授权审批人	（1）按照公司授权，在授权范围内审批 （2）审批时应充分考虑审核部门的意见，未经审核的采购项目不予审批

3.2.3　无形资产验收。

（1）外购无形资产。

——外购无形资产由管理部门组织，按照合同、技术交底文件规定的验收标准进行验收。

——在办理无形资产验收手续的同时，管理部门应完整地取得产品说明书及其他相关说明资料。

——管理部门持发票和相关资料到财务部办理无形资产入账手续。

（2）自制无形资产。

——自制无形资产制作完成后，由项目负责人向管理部门提出验收申请。

——自制无形资产由管理部门负责组织验收。

——财务部依据制作部门提供的《项目验收报告》和相关验收单据进行相应的账务处理。

3.3 无形资产的日常管理

3.3.1 无形资产日常管理。

（1）无形资产的日常管理由财务部和管理部门共同管理。

（2）无形资产管理部门负责根据无形资产的使用状况，及时维护本部门无形资产台账。

（3）无形资产管理台账登记的内容包括：无形资产的名称、规格、型号；单位价值；数量；生产厂家；启用时间；使用部门；摊销年限；使用状态。

（4）公司管理部门、财务部定期（至少一年一次）核对相关账簿、记录和文件，发现问题，及时向上级报告和处理，以确保无形资产账务处理和资产价值的真实性。

（5）无形资产管理台账的保管期限为5年。

（6）财务部根据购置合同明确的使用期限与估计使用年限孰低确定无形资产的摊销年限。所有权归属公司的无形资产均属摊销范围。

3.3.2 无形资产的权利保持。管理部门应保持公司无形资产在寿命时限内的占有权，具体参照《知识产权管理规定》执行。

3.4 无形资产处置和特许使用

3.4.1 无形资产处置。

（1）无形资产处置申请。无形资产不能继续使用时，由管理部门详细填写"无形资产处置申请表"。

（2）处置鉴定。由无形资产管理部门组织有关部门的技术专业人员对预处置的无形资产进行技术鉴定，确保无形资产处置的合理性。

（3）处置审批。根据权限对无形资产管理部门上报的"无形资产处置申请表"进行审查，并签署意见。

（4）处置审计。

——审计部在处置前会同相关部门或人员对无形资产的处置依据、处置方式、处置价格等进行审核，重点审核处置依据是否充分、处置方式是否适当、处置价格是否合理。

——财务部在处置后根据审批人批准的呈批表，认真审核无形资产处置凭证，检查批准手续是否齐全、批准权限是否适当等，审核无误后据以编制记账凭证，进行账务处理。

3.4.2 无形资产特许使用。公司特许其他公司使用公司的无形资产，由无形资产管理部门会同财务部拟订方案，经授权人员批准后办理相关手续，签订合同。合同应当明确无形资产特许使用期间的权利义务。

3.5 监督检查

3.5.1 监督检查主体。

（1）监事会：依据公司章程对公司无形资产业务决策的审批进行监督。

（2）审计部：依据公司授权和部门职能描述，对公司无形资产购置、处置的执行合规性进行审计监督。

（3）财务部：依据公司授权，对公司无形资产管理进行监督。

3.5.2 监督检查内容。

（1）无形资产业务相关岗位人员的设置情况。重点检查是否存在不相容职务混岗的现象。

（2）无形资产业务授权批准制度的执行情况。重点检查在办理请购、审批、采购、验收、付款、处置等无形资产业务时是否有健全的授权批准手续，是否存在越权审批行为。

（3）无形资产投资预算制度的执行情况。重点检查购建无形资产是否纳入预算，预算的编制、调整与审批程序是否适当。

（4）无形资产处置制度的执行情况。重点检查处置无形资产是否履行审批手续，作价是否合理。

（5）检查入账依据是否合法、完整。

3.5.3 监督检查结果处理。

（1）不按照上述流程操作，造成无形资产增加、启用、变更、处置不能及时进行处理，按照损失程度相应承担责任。

（2）对监督检查过程中发现的无形资产内部控制中的薄弱环节，审计部应当提请有关部门采取措施加以纠正和完善。

第14章 账款管理制度

14-01 企业采购及应付账款管理制度

企业采购及应付账款管理制度

1 目的

为规范采购操作步骤和方法,以及应付账款入账、调账等方面的管理要求,规范应付账款管理工作,防范公司处理应付账款业务过程中的经营风险,特制定本制度。

2 适用范围

适用于公司的设备、工具、成型软件和固定资产(不含公司长期代理产品)等采购的控制。

3 定义

3.1 供应商。供应商是指能向采购者提供货物、工程和服务的法人或其他组织。

3.2 抽货检验标准。抽货检验标准是指对采购物品进行检验的参照标准,由技术部门或其他相关权责部门编写交采购中心汇总成册。

3.3 货物检验报告。货物检验报告是指货物验收部门和人员对货物进行验收后对所采购货物给出验收报告和处理意见。

3.4 无票应付款。无票应付款是指采购货物的所有权已经转移至本公司,但是供应商的正式发票尚未到达财务部的应付款项。当供应商的发票送达财务部时,应将无票应付款转入应付账款。公司的无票应付款和应付账款构成了公司资产负债表上的应付账款。

4 管理规定

4.1 材料采购报销流程。

4.1.1 材料采购前要由用料申请人先填写采购计划,"采购计划表"经部门领导签字同意后,交与采购人员,采购人员制作"采购订单"并进行采购。

4.1.2 凡购进物料、工具、用具,尤其是定制品,采购者应坚持先取样品,征得使用部门及领导同意后,方可进行采购或定制。

4.1.3 材料采购返回单位,须经物资使用部门(仓管员)核实、验收后签字,出具"入库单"。

4.1.4　材料采购报销必须以发票为据，不准出现白条报销。

4.1.5　材料采购前预借物资款，必须经财务部经理签字批准方可借款，执行借款流程；物资采购完毕，需及时报销。

4.1.6　材料采购报销须填写报销单，执行费用报销流程。

4.1.7　凡不按上述规定采购者，财务部以及各业务部门的财务人员，应一律拒绝支付。

4.2　应付账款入账程序。

4.2.1　有票应付款。

（1）财务部业务会计对采购订单、供应商发票、检验入库单进行审核，即"三单符合审核"。

（2）三单中的第一单"采购订单"是指由采购合同、采购订单、委托加工单等组成的合同单据；第二单"供应商发票"是指由发票、收款收据组成的发票单据；第三单"入库单"是指由入库单、质检单、运输提货单等组成的收货单据。

（3）财务部在"三单符合"审核后，制作记账凭证并按照会计复核、批准程序入账。

（4）有关部门对合同、订单的修改原件，应及时传递到财务部。

4.2.2　无票应付款。

（1）仓管员在收到供应商的合格来货（经检验合格）后，填写入库单并将入库信息传递给财务部门。未经质量检验合格的货物不得入库。

（2）财务部核对每一张入库单，确保信息准确无误，将无票入库货物作为暂估入库进行核算。

（3）对货物入库后超过 1 个月发票未达的无票应付款，财务部应及时与采购部联系并跟踪。

4.2.3　应付账款。

（1）供应商开来发票，从无票应付款转入应付账款时，必须经过"三单符合审核"。财务部业务会计应当在"三单符合审核"后，方可将无票应付款转入应付账款，将暂估入库的项目转入库存项目。

（2）财务部在"三单符合审核"中发现不符或不完全相符时，应立即通知采购部和物流部门，采购部应及时与供应商联系处理，并在 1 周内将问题调查清楚并合理解决。财务部应同时将所有三单不符的情况记录下来，并定期跟踪和向财务部经理或副总经理汇报。

（3）对在"三单符合审核"中多开票、重开票的供应商应提出警告，情节严重的，要考虑给予处罚或更换。

（4）生产部门应在每月 28 日前将供应商的质量退货及向供应商索赔的资料传递到财务部，财务部应于当月据之调整应付账款。

（5）任何供应商应付账款的调整必须有充分的依据并经财务部经理及相关人员

的书面批准，这些依据应附在相应的调整凭证后。

（6）更改供应商名称必须得到供应商提供的合法资料，并经过财务部经理的批准，这些资料应附在相应的调整凭证后。

4.3 应付账款账龄分析。

4.3.1 财务部每季度进行一次应付账款的账龄分析，并分析资金安排和使用的合理性。

4.3.2 财务部每月打印出有借方余额的应付账款，并通知采购部及相关部门，采购部及有关部门应及时与供应商联系解决，并将结果在1周内告知财务部。对超过2个月的有借方余额的应付账款，财务部应向财务部经理和总经理作书面汇报。

4.4 对账。

4.4.1 财务部每月应核对应付账款总账与明细账，对存在的差异及明细账中的异常项目和长期未达项目，应会同采购人员进行调查，并经财务部经理书面批准后及时处理。

4.4.2 财务部每年至少获得一次供应商对账单，对发现的差异应及时与供应商联系解决。

14-02 应收账款管理制度

应收账款管理制度

1 目的

保证公司最大可能地利用客户信用，拓展市场以利于销售公司的产品，同时又要以最小的坏账损失代价来保证公司资金安全，防范经营风险，并尽可能地缩短应收账款占用资金的时间，加快企业资金周转，提高企业资金的使用效率，特制定本制度。

2 适用范围

适用于本公司发出产品赊销所产生的应收账款和公司经营中发生的各类债权。具体有应收销货款和预付账款和其他应收款三个方面的内容。

3 管理部门

应收账款的管理部门为公司的财务部和业务部。财务部负责数据传递和信息反馈；业务部负责客户的联系和款项催收；财务部和业务部共同负责客户信用额度的确定。

4 管理规定

4.1 客户资信管理制度

4.1.1 信息管理基础工作的建立。

（1）由业务部门完成，公司业务部应在收集整理的基础上建立客户信息档案，一式两份，由业务经理复核签字后一份保存于公司总经理办公室，另一份保存于公司业务部，业务部经理为该档案的最终责任人。

（2）客户信息档案内容如下。

——客户基础资料：即有关客户最基本的原始资料，包括客户的名称、地址、电话、所有者、经营管理者、法人代表及他们的个人性格、兴趣、爱好、家庭、学历、年龄、能力、经历背景、与本公司交往的时间、业务种类等。这些资料是客户管理的起点和基础，由负责市场产品销售的业务人员对客户的访问收集而来。

——客户特征：主要包括市场区域、销售能力、发展潜力、经营观念、经营方向、经营政策和经营特点等。

——业务状况：包括客户的销售实绩、市场份额、市场竞争力和市场地位、与竞争者的关系及与本公司的业务关系和合作情况。

——交易现状：主要包括客户的销售活动现状、存在的问题、客户公司的战略、未来的展望及客户公司的市场形象、声誉、财务状况、信用状况等。

4.1.2 客户的基础信息资料。由负责各区域、片的业务员负责收集。凡与本公司交易次数在2次以上，且单次交易额达到_____元人民币以上的均为资料收集的范围，时间期限为达到上述交易额第二次交易后的1个月内完成并交业务经理汇总建档。

4.1.3 信息的保管。客户的信息资料为公司的重要档案，所有经管人员须妥慎保管，确保不得遗失。如因公司部分岗位人员的调整和离职，该资料的移交作为工作交接的主要部分，凡资料交接不清的，不予办理离岗、离职手续。

4.1.4 信息的更新或补充。客户的信息资料应根据业务员与相关客户的交往中所了解的情况，随时汇总整理后交业务经理定期予以更新或补充。

4.1.5 客户资信额度。

（1）实行对客户资信额度的定期确定制，由负责各市场区域的业务部主管、业务部经理、财务部经理，在总经理的主持下成立公司"市场管理委员会"，按季度对客户的资信额度、信用期限进行一次确定。

（2）"市场管理委员会"对市场客户的资信状况和销售能力在业务人员跟踪调查、记录相关信息资料的基础上进行分析、研究，确定每个客户可以享有的信用额度和信用期限，建立"信用额度、期限表"，由业务部和财务部各备存一份。

（3）初期信用额度的确定应遵循保守原则，根据过去与该客户的交往情况（是否通常按期回款），及其净资产情况（经济实力如何），以及其有没有对外提供担保或者跟其他企业之间有没有法律上的债务关系（潜在或有负债）等因素，凡初次赊销信用的新客户信用度通常确定在正常信用额度和信用期限的50%。如新客户确实资信状况良好，须提高信用额度和延长信用期限的，必须经"市场管理委员会"形成一致意见报请总经理批准后方可。

（4）客户的信用额度和信用期限原则上每季度进行一次复核和调整。公司市场管理委员会应根据反馈的有关客户的经营状况、付款情况随时予以跟踪调整。

4.2　产品赊销的管理

4.2.1　在市场开拓和产品销售中，凡利用信用额度赊销的，必须由经办业务员先填写赊销"请批单"，由业务部经理严格按照预先每个客户评定的信用限额签批后，仓库管理部门方可凭单办理发货手续。

4.2.2　财务部主管应收账款的会计每10天对照"信用额度期限表"核对一次债权性应收账款的回款和结算情况，严格监督每笔账款的回收和结算。超过信用期限10日仍未回款的，应及时通知财务部经理，由其汇总并及时通知业务部立即联系客户清收。

4.2.3　凡前次赊销未在约定时间内结算的，除在特殊情况下客户能提供可靠的资金担保外，一律不再发货和赊销。

4.2.4　业务员在签订合同和组织发货时，都必须参考信用等级和授信额度来决定销售方式。所有签发赊销的销售合同都必须经主管业务经理签字后方可盖章发出。

4.2.5　对信用额度在＿＿＿＿元以上，信用期限在3个月以上的客户，业务经理每年应不少于走访一次；信用额度在＿＿＿＿＿＿元以上，信用期限在3个月以上的，除业务经理走访外，主管市场的副总经理（在有可能的情况下总经理）每年必须走访一次以上。在客户走访中，应重新评估客户信用等级的合理性和结合客户的经营状况、交易状况及时调整信用等级。

4.3　应收账款监控制度

4.3.1　财务部门应于当月后5日前提供一份当月尚未收款的"应收账款账龄明细表"，提交给业务部、主管市场的副总经理，由相关业务人员核对无误后报经业务经理及总经理批准进行账款回收工作。该表由业务员在出门收账前核对其正确性，不可到客户处才发现错误，不得有损公司形象。

4.3.2　业务部门应严格对照"信用额度表"和财务部报来的"账龄明细表"，及时核对、跟踪赊销客户的回款情况，对未按期结算回款的客户及时联络和反馈信息给总经理。

4.3.3　业务人员在与客户签订合同或协议书时，应按照"信用额度表"中对应客户的信用额度和期限约定单次销售金额和结算期限，并在期限内负责经手相关账款的催收和联络。如超过信用期限者，按以下规定处理。

（1）超过1～10日时，由经办人上报部门经理，并电话催收。

（2）超过11～60日时，由部门经理上报总经理，派员上门催收，并扣经办人该票金额＿＿＿＿＿＿%的计奖成绩。

（3）超过61～90日时，并经催收无效的，由业务主管报总经理批准后作个案处理（如提请公司法律顾问考虑通过法院起诉等方式催收），并扣经办人该票金额

____%的计奖成绩。

4.3.4 财务部门应于当月后5日前向业务部、总经理提供一份当月尚未收款的"应收账款账龄明细表",该表由相关业务人员核对后报经总经理批准后安排进行账款回收工作。

4.3.5 业务员在外出收账前要仔细核对客户欠款的正确性,不可到客户处才发现数据差错,有损公司形象。外出前需预先安排好路线,经业务主管同意后才可出去收款;款项收回时业务员需整理已收的账款,并填写"应收账款回款明细表"。若有折扣时需在授权范围内执行,并书面陈述原因,由业务经理签字后及时向财务缴纳相关款项并销账。

4.3.6 清收账款由业务部门统一安排路线和客户,并确定返回时间。业务员在外清收账款,每到一客户处,无论是否清结完毕,均需随时向业务经理电话汇报工作进度和行程,任何人不得借机游山玩水。

4.3.7 业务员收账时应收取现金或票据。若收取银行票据时应注意开票日期、票据抬头及其金额是否正确无误,如不符时应及时联系退票并重新办理。若收汇票时需客户背面签名,并查询银行确认汇票的真伪性;如为汇票背书时要注意背书是否清楚,注意一次背书时背书印章是否与汇票抬头一致,背书印章是否为发票印章。

4.3.8 收取的汇票金额大于应收账款时非经业务经理同意,现场不得以现金找还客户,而应作为暂收款收回,并抵扣下次账款。

4.3.9 收款时客户现场反映价格、交货期限、质量、运输问题,在业务权限内时可立即同意。若在权限外时需立即汇报主管,并在不超过3个工作日内给客户以答复。如属价格调整,回公司应立即填写"价格调整表",告知相关部门并在相关资料中做好记录。

4.3.10 业务人员在销售产品和清收账款时不得有下列行为,一经发现,一律予以开除,并限期补正或赔偿,严重者移交司法部门。

(1)收款不报或积压收款。
(2)退货不报或积压退货。
(3)转售不依规定或转售图利。

4.4 坏账管理制度

4.4.1 业务人员全权负责对自己经手赊销业务的账款回收,为此,应定期或不定期地对客户进行访问(电话或上门访问,每季度不得少于两次)。访问客户时,如发现客户有异常现象,应自发现问题之日起1日内填写"问题客户报告单",并建议应采取的措施,或视情况填写"坏账申请书"呈请批准,由业务经理审查后提出处理意见。凡确定为坏账的须报经总经理批准后按相关财务规定处理。

4.4.2 业务人员因疏于访问,未能及时掌握客户的情况变化和通知公司,致公司蒙受损失时,业务人员应负责赔偿该项损失25%以上的金额(注:疏于访问意谓未依公司规定的次数，按期访问客户者）。

4.4.3 业务部应全盘掌握公司全体客户的信用状况及来往情况。业务人员对于所有的逾期应收账款，应由各个经办人将未收款的理由，详细陈述于"账龄分析表"的备注栏上，以供公司参考。对大额的逾期应收账款应特别书面说明，并提出清收建议，否则，此类账款将来因故无法收回形成呆账时，业务人员应负责赔偿____%以上的金额。

4.4.4 业务员发现发生坏账的可能性时应争取时间速报业务经理，及时采取补救措施。如客户有其他财产可供作抵价时，征得客户同意立即协商抵价物价值，妥为处理以避免更大损失发生，但不得在没有担保的情况下，再次向该客户发货，否则相关损失由业务员负责全额赔偿。

4.4.5 "坏账申请书"填写一式三份，有关客户的名称、号码、负责人姓名、营业地址、电话号码等，均应一一填写清楚，并将申请理由的事实、不能收回的原因等，做简明扼要的叙述，经业务部及经理批准后，连同账单或差额票据转交总经理处理。

4.4.6 凡发生坏账的，应查明原因，如属业务人员责任心不强造成的，于当月份计算业务人员销售成绩时，应按坏账金额的____%先予扣减业务员的业务提成。

4.5 应收账款交接制度

4.5.1 业务人员岗位调换、离职，必须对经手的应收账款进行交接。

（1）凡业务人员调岗，必须先办理包括应收账款在内的工作交接。

（2）交接未完的，不得离岗；交接不清的，责任由交者负责；交接清楚后，责任由接替者负责。

（3）凡离职的，应在30日内向公司提出申请，批准后办理交接手续，未办理交接手续而自行离开者，其薪资和离职补贴不予发放，由此给公司造成损失的，将依法追究其法律责任。

（4）离职交接依最后在交接单上批示的生效日期为准，在生效日期前要交接完成。

（5）若交接不清又离职时，仍将依照法律程序追究当事人的责任。

4.5.2 业务员提出离职后须把经手的应收账款全部收回或取得客户付款的承诺担保。若在1个月内未能收回或取得客户付款承诺担保的，就不予办理离职手续。

4.5.3 离职业务员经手的坏账理赔事宜如已取得客户的书面确认，则不影响离职手续的办理，其追诉工作由接替人员接办。理赔不因经手人的离职而无效。

4.5.4 "离职移交清单"至少一式三份，由移交、接交人核对内容无误后双方签字，并监交人签字后，保存在移交人一份、接交人一份、公司档案存留一份。

4.5.5 业务人员接交时，应与客户核对账单，遇有疑问或账目不清时应立即向业务经理反映，未立即呈报、有意代为隐瞒者应与离职人员同负全部责任。

4.5.6 公司各级人员移交时，应于完成移交手续并经业务经理认可后，方可发放该移交人员最后任职月份的薪金。未经业务经理同意而自行发放的，由出纳人员负责。

4.5.7　业务人员办交接时由业务经理监督；移交时发现有贪污公款或短缺物品、现金、票据或其他凭证者，除限期赔还外，情节重大时依法追诉民事、刑事责任。

4.5.8　应收账款交接后1个月内应全部逐一核对，无异议的账款由接交人负责接手清收。交接前应核对全部账目报表，有关交接项目概以"交接清单"为准。交接清单若经交、接、监三方签署盖章即视为完成交接，日后若发现账目不符时由接交人负责。

14-03　坏账损失审批流程规范

坏账损失审批流程规范

1　目的

为防止坏账损失管理中的差错和舞弊，减少坏账损失，规范坏账损失审批的操作程序，特制定本规范。

2　适用范围

适用于公司的坏账损失审批。

3　职责与权限

3.1　不相容岗位分离。坏账损失核销申请人与审批人分离；会计记录与申请人分离。

3.2　业务归口办理。坏账损失核销申请由业务经办部门提出；财务部门归口管理核销申请，并对申请进行审核；坏账损失核销审批，在每年第四季度办理。

3.3　审批权限。股东大会负责单笔损失达到公司净资产1%或年度累计金额达到公司净资产5%及关联方的审批；除须经股东大会批准的事项和授权总经理批准的外，由董事会批准；单笔金额在_____元以内，或年度累计金额在_____万元以内的由总经理审批。

4　管理规定

4.1　确认坏账损失的条件和范围。

4.1.1　确认条件。公司对符合下列标准的应收款项可确认为坏账。

（1）债务人死亡，以其遗产清偿后，仍然无法收回。

（2）债务人破产，以其破产财产清偿后，仍无法收回。

（3）债务人较长时期内未履行偿债义务，并有足够的证据表明无法收回或收回的可能性极小。

(4)催收的最低成本大于应收款额的款项。

4.1.2 应收款项的范围。应收款项包括下列款项。

(1)应收账款。

(2)其他应收款。

(3)确有证据表明其不符合预付款性质,或因供货单位破产、撤销等原因已无望再收到所购货物也无法收回已预付款额的公司预付账款(在确认坏账损失前先转入其他应收款)。

(4)公司持有的未到期的,并有确凿证据证明不能收回的应收票据(在确认坏账损失前,先转入应收账款)。

4.2 坏账损失核销审批程序及审批要求。

4.2.1 核销审批程序。审批程序示意图如下图所示。

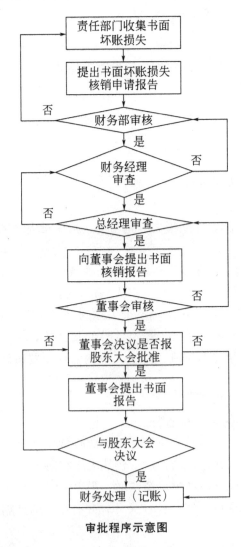

审批程序示意图

4.2.2 核销申请报告。

（1）收集证据。经济业务的承办部门（或承办人）应向债务人或有关部门获得下列证据。

——债务人破产证明。

——债务人死亡证明。

——催收最低成本估算表。

——具有明显特征能表明无法收回应收款的其他证明。

（2）核销申请报告的内容。公司出现坏账损失时，在会计年度末，由经济业务承办部门（或承办人）向有关方获取有关证据，由承办部门提交书面核销申请报告，书面报告至少包括下列内容。

——核销数据和相应的书面证明。

——形成的过程及原因。

——追踪催讨过程。

——对相关责任人的处理建议。

4.2.3 核销审批流程。

（1）财务部汇总和审核。财务部对坏账损失的核销申请报告进行审核，提出审核意见，并汇总，连同汇总表报财务部经理审查，财务部应对申请报告核销申请的金额、业务发生的时间、追踪催讨的过程和形成原因进行核实。

（2）财务部经理审查。财务部经理对申请报告和财务部门的审核意见进行审查，并提出处理建议（包括对涉及相关部门与相关人员的处理建议），报公司总经理审查。

（3）总经理审查和审批。公司总经理审查后并根据财务部经理提出的处理建议，作出处理意见，在总经理授权范围内，经总经理办公会通过后，对申请报告签批；超过总经理授权范围的，经总经理办公会通过后，由公司总经理或公司总经理委托财务部经理向董事会提交核销坏账损失的书面报告，书面报告至少包括以下内容。

——核销数额和相应的书面证据。

——坏账形成的过程及原因。

——追踪催讨和改进措施。

——对公司财务状况和经营成果的影响。

——对涉及的有关责任人员的处理意见。

——董事会认为必要的其他书面材料。

（4）董事会和股东大会审批。在董事会授权范围内的坏账核销事项，董事会根据总经理或授权财务部经理提交的书面报告，审议后逐项表决，表决通过后，由董事长签批，财务部按会计规定进行账务处理。

需经股东大会审批的坏账审批事项，在召开年度股东大会时，由公司董事会向股东大会提交核销坏账损失的书面报告,书面报告至少包括以下内容。

——核销数额。

——坏账形成的过程及原因。

——追踪催讨和改进措施。

——对公司财务状况和经营成果的影响。

——对涉及的有关责任人员的处理结果或意见。

——核销坏账涉及的关联方偿付能力以及是否会损害其他股东利益的说明。

董事会的书面报告由股东大会逐项表决通过并形成决议。如股东大会决议与董事会决议不一致,财务部对决议不一致的坏账,按会计制度的规定进行会计调整。

公司监事会列席董事会审议核销坏账损失的会议,必要时,可要求公司内部审计部门就核销的坏账损失情况提供书面报告。监事会对董事会有关核销坏账损失的决议程序是否合法、依据是否充分等方面提出书面意见,并形成决议向股东大会报告。

4.3 财务处理和核销后催收。

4.3.1 财务处理。

(1)财务部根据董事会决议进行账务处理。

(2)坏账损失如在会计年度末结账前尚未得到董事会批准的,由财务部按公司计提坏账损失准备的规定全额计提坏账准备。

(3)坏账经批准核销后,财务部及时将审批资料报主管税务机关备案。

(4)坏账核销后,财务部应将已核销的应收款项设立备查簿逐项进行登记,并及时向负有赔偿责任的有关责任人收取赔偿款。

4.3.2 核销后催收。除已破产的企业外,公司财务部门、经济业务承办部门和承办人,仍应继续对债务人的财务状况进行关注,发现债务人有偿还能力时及时催收。

第15章 成本费用管理制度

15-01 成本费用管理制度

成本费用管理制度

1 目的

为防范成本费用管理中的差错与舞弊，降低成本费用开支，提高资金使用效益，规范成本费用管理行为，特制定本制度。

2 适用范围

适用于公司对成本费用进行管理的相关事宜。

3 成本费用管理基础工作

3.1 编制生产消耗定额和费用定额

3.1.1 由生产、技术、财务、行政等相关部门会同制定材料消耗定额、工时定额、设备及能耗定额。

3.1.2 财务部会同行政部、相关部门制定各职能部门的费用开支定额和资金占用定额。

3.1.3 行政部会同财务、生产等部门制定人员定额。

3.1.4 财务部会同生产、技术等相关部门制定物资库存限额。

3.2 成本费用开支范围与标准

3.2.1 划分原则。

（1）划清经营支出与非经营支出的界限。

（2）划清经营支出的制造成本和期间费用，即划清应计入产品成本与不应计入生产成本的费用界限。

（3）划清本期成本费用与非本期成本费用的界限。

（4）划清各种产品应负责的成本界限。

（5）划清在产品与完工产品应负担的成本界限。

3.2.2 公司的下列费用开支可以计入成本。

（1）为产品生产而耗用的各种原材料、辅助材料、备品配件、外购半成品、燃料、动力、包装物、低值易耗品的原价和运输、装卸、整理等费用。

（2）生产工人和生产部管理人员的工资及按规定比例提取的职工福利费。

（3）生产使用的固定资产按照规定比例提取的固定资产折旧，和固定资产租赁费及修理费。

（4）生产部为组织和管理生产所发生的费用支出。

（5）按规定应当计入成本的其他费用。

3.2.3 下列费用不得计入成本。

（1）属于期间费用（管理费用、销售费用、财务费用）的支出。

（2）不属于期间费用也不得列入成本的其他支出。

3.2.4 期间费用的支出范围（参见《公司会计核算手册规定》）。

3.2.5 不得列入期间费用也不得列入成本的支出。

（1）为购置和建造固定资产、购入无形资产和其他资产的支出。

（2）对外投资支出。

（3）被没收的财物。

（4）各项罚款、赞助、捐赠支出。

（5）在公积金和职工福利费中列支的支出。

（6）各种赔偿金、违约金、滞纳金。

（7）国家规定不得列入成本费用的其他支出。

3.2.6 成本、费用开支标准。公司财务部会同相关部门制定，具体主要包括以下标准。

（1）差旅费报销管理办法。

（2）公司电话通信费控制和补助办法。

（3）公司私车公用费用补助办法。

（4）公司薪酬管理制度。

3.3 制定公司产品标准成本

公司财务部会同相关部门根据生产消耗定额、历史成本和内部计划价格制定标准成本，并编制公司产品标准成本手册。

3.4 健全原始记录

对公司所有物质资源的领用、耗费、入库、出库都必须有准确的原始记录，并定期检查、及时传递。

3.5 健全公司计量管理

对公司物资的购进、领用、转移、入库、销售等各个环节进行准确计量。

3.6 实行定额领料制度

严禁无定额领料和擅自超定额领料。

3.7 健全考勤和工时统计制度。

生产工序要按产品的工作令号及时报送工时和完工产量资料。

4 成本费用预算

公司每年编制成本费用预算，根据成本预算内容，分解成本费用指标，落实成本费用责任主体，考核成本费用指标的完成情况，制定奖惩措施，实行成本费用责任追究制度。具体按照公司《预算管理实施办法》实施。

5 成本控制

5.1 成本控制方法

公司对成本控制主要采用标准成本控制法。标准成本控制是应用目标管理的原理对公司成本进行控制的一种方法。根据先进的消耗定额和计划期内能够实现的成本降低措施，确定公司的标准成本，并将其层层分解、落实到各成本责任主体，对标准成本实现的全过程进行控制。

5.2 标准成本控制业务流程和控制要求

5.2.1 标准成本控制业务流程，如下图所示。

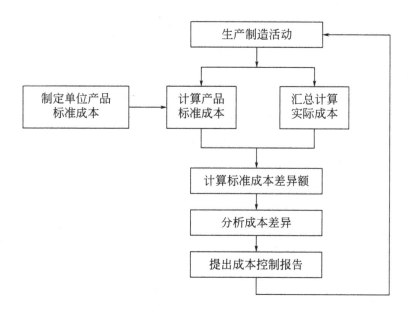

标准成本控制业务流程图

5.2.2 标准成本控制要求。

（1）标准成本制定。财务部组织，采购、行政、生产技术等部门参加。要求如下。

——依据公司的生产消耗定额、历史成本水平制定。

——标准成本水平在行业内先进水平的基础上，经过努力可以实现。

——标准成本尽量体现数量标准和价格标准，同时标准成本的计算口径符合成本核算规程要求。

相关计算公式如下。

单位产品标准成本＝直接材料标准成本＋直接人工标准成本＋制造费用标准成本

产品标准成本＝产品实际产量×单位产品标准成本

产品实际成本＝实际材料成本＋实际人工成本＋实际制造费用

标准成本差异额＝实际成本－标准成本

(2) 成本核算。由财务部组织。具体要求如下。

——按照公司的成本核算规程要求核算。

——编制成本报表。

——将实际成本与标准成本比较，计算成本差异。

(3) 成本分析。由财务总监主持，财务部组织相关部门参加。具体要求如下。

——对差异进行分析，寻找产生差异的原因。

——根据差异原因，拟订改进措施。

——提出成本分析报告。

(4) 成本管理改进。由财务总监组织相关部门实施。具体要求如下。

——根据成本分析报告，公司经理层制定改进措施。

——颁布改进措施和组织实施。

——跟踪改进措施的落实和成效。

(5) 成本考核和奖惩。由财务总监组织实施。具体要求如下。

——财务部根据成本核算情况，报告标准成本的执行情况。

——根据公司的奖惩规定，对责任主体进行奖惩。

5.3 材料成本控制

5.3.1 根据《存货管理办法》的规定，确定材料供应商和采购价格，并采用经济批量等方法确定材料采购批量，控制材料的采购成本和储存成本。

5.3.2 按照生产耗用定额，确定耗用的品种与数量，控制材料耗用。

5.4 人工成本控制

改善工艺流程，合理设置工作岗位；定岗定员，实行计件工资或以岗定酬；通过实施严格的绩效考评与激励机制控制人工成本。

6 成本费用核算

6.1 核算制度

6.1.1 公司财务部按国家统一的会计制度的规定，制定成本核算办法。

6.1.2 公司不随意改变成本费用的确认标准和计量方法，不虚列、多列、不列或少列成本费用。

6.1.3 具体核算要求按《公司会计核算手册》执行。

6.2 核算报告

6.2.1 公司财务部实时监控成本费用的预算执行情况和标准成本控制情况，按期（每月）编制成本费用内部报表，及时向公司领导层和各责任主体通报成本费用支出情况。

6.2.2 定期对成本费用报告进行分析，对实际发生的预算差异或标准成本差异，及时查明原因，并采取相应措施。

15-02 成本费用核算制度

成本费用核算制度

1 目的

为规范企业成本费用核算工作，保证成本信息真实、完整，加强企业成本管理，降低成本费用，提高企业经济效益，特制定本制度。

2 适用范围

适用于公司各项成本费用的核算与管理。

3 成本费用核算对象、方法和项目

3.1 成本核算对象

3.1.1 生产成本。

3.1.2 制造费用。

3.2 费用核算对象

3.2.1 期间费用，包括销售费用、管理费用、财务费用。

3.2.2 其他费用。

3.3 成本费用核算方法

3.3.1 对能直接归属某个成本核算对象的成本费用，直接列入相应成本对象的成本中。

3.3.2 对涉及两个及两个以上成本费用核算对象的成本费用，采用分配的办法进行归集，分别根据具体情况按人员比例、工作量比例予以分摊。

3.3.3 本企业采用品种法作为成本费用计算方法，品种法即以产品品种作为成本计算对象的一种成本计算方法，特点包括以下4个方面。

（1）以"品种"为对象开设生产成本明细账、成本计算单。

（2）成本计算期一般采用"会计期间"。

（3）以"品种"为对象归集和分配费用。

（4）以"品种"为主要对象进行成本分析。

3.3.4 成本费用计算方法的变更必须经财务总监审批方可进行。

4 生产成本核算

4.1 生产成本计算

根据实际产量和实际消耗的材料、人工、费用计算产品的实际成本。

4.2 生产成本核算要求

4.2.1 采用计划成本、定额成本进行日常核算，不得以计划成本、定额成本代替实际成本。

4.2.2 划定本期产品成本和下期产品成本的界限，不得任意待摊和预提费用。

4.2.3 划清在产品成本、产成品成本和不可比产品成本的界限，不得虚报可比产品成本降低额。

4.2.4 凡是规定不准列入成本的开支，都不得计入产品成本。

4.2.5 按成本费用发生项目进行归集，归集过程中保持成本核算与实际生产经营进程的一致性。

4.3 生产成本核算程序

4.3.1 根据各部门统计资料和原始记录，收集、确定各种产品的生产量、入库量，和自制半成品、在产品盘存量以及材料、工时、动力消耗等数据，确保数据的准确性、规范性和有效性。

4.3.2 根据基本生产车间、辅助生产车间和规定的成本费用项目对发生的一切生产费用进行归集。

4.3.3 将归集的费用予以结算和分配，能够确定由某一成本核算对象负担的，直接计入该成本核算对象；由几个成本核算对象共同负担的，按照产量等合理的分配标准，在有关成本核算对象之间进行分配。

4.3.4 期末有在制品产品，应将归集起来的生产成本按产值在完工产品和在制品之间分配，从而计算出完工产品的总成本和单位成本。

4.4 材料成本核算

4.4.1 材料成本包括材料购买价格、运杂费、装卸费、定额内的合理损耗、入库前的加工、整理及挑选费用等。

4.4.2 材料采用实际成本核算，按加权平均法计算出库成本。

4.4.3 凡直接用于产品生产的材料和自制半成品，直接计入各产品成本；不能直接认定的，按产值进行分配。

4.5 燃料及动力成本核算

4.5.1 燃料及动力按实际成本计入产品成本，能直接认定用于产品生产的燃料及动力的，直接计入各产品成本。

4.5.2 不能直接认定的成本，按产值进行分配。

4.6 直接职工薪酬成本核算

直接从事产品生产人员的职工薪酬，直接计入各产品成本；不能直接认定的，按产值进行合理分配。

4.7 辅助生产成本的核算

4.7.1 核算原则：企业的辅助生产车间（部门，下同）应单独核算成本并进行分配。

4.7.2 核算办法：辅助生产车间（部门）生产的水、电、汽及提供的劳务等发生的各项间接费用（包括材料、燃料及动力、直接职工薪酬、制造费用），通过相对应的成本要素或成本中心归集。

4.8 在制品成本的核算

4.8.1 对各月之间变动不大、在制品数量较少、生产周期较短的情况，不计算在制品成本。

4.8.2 对各月之间变动较大、在制品数量较多、生产周期较长的情况，计算在制品的原材料成本。

5 制造费用核算

5.1 企业因生产产品和提供劳务发生的各项间接生产费用通过"制造费用"科目归集

5.1.1 凡能直接认定用于产品生产的制造费用，直接计入各产品成本。

5.1.2 不能直接认定的成本，按产值进行合理分配。

5.2 制造费用核算的具体内容

包括折旧费、物料消耗、运输费、设计制图费、租赁费、财产保险费、低值易耗品摊销、水电费、取暖费、办公费、差旅费、职工薪酬、劳动保护费、印刷费、环保费用、车辆使用费以及生产部门不能列入以上各项目的其他间接生产费用。

6 期间费用核算

6.1 销售费用

6.1.1 销售费用核算主要是核算对外销售商品和提供劳务等过程中发生的各项费用以及专设销售机构的各项经费。

6.1.2 销售费用的具体内容，包括销售部门在开展业务过程中产生的职工薪酬、劳动保护费、固定资产折旧费、修理费、租赁费、财产保险费、低值易耗品摊销、物料消耗、水电费、取暖费、办公费、差旅费、会议费、通信费、印刷费、销货运杂费、其他运杂费、装卸费、包装费、商品损耗（减溢余）、展览费、广告费、业务宣传费、销售服务费、无形资产摊销、长期待摊费用摊销及其他费用支出。

6.2 管理费用

6.2.1 管理费用核算分、子公司为组织和管理生产经营所发生的行政管理费用和管理部门在经营管理中产生的，或者应由企业统一负担的企业经费等。

6.2.2 管理费用的具体内容，包括企业管理部门的职工薪酬、劳动保护费、折旧费、修理费、租赁费、财产保险费、低值易耗品摊销、物料消耗、水电费、取暖费、办公费、差旅费、会议费、通信费、印刷费、图书资料费、业务招待费、外宾招待费、车辆使用费、运输费、土地租金、文化教育费、医疗卫生费、社区服务费、无形资产摊销、长期待摊费用摊销、技术使用费、土地（海域）使用及损失补偿费、房产税、车船税、土地使用税、印花税、出国人员经费、咨询费、诉讼费、董事会会费、信息系统运行维护费、招投标费、环境卫生费、外部加工费及不能列入以上各项目的其他各种管理费用。

6.3 财务费用

6.3.1 财务费用是指企业为筹集生产经营所需资金等而发生的费用。

6.3.2 财务费用核算的内容，包括利息支出（减利息收入）、汇兑损失（减汇兑收益）、金融机构手续费、筹集生产经营资金发生的其他手续费等，不包括应当资本化的一般借款费用。财务费用核算的具体内容如下。

（1）利息支出。

——利息支出的范围。包括企业向国内外银行及其他金融机构支付的借款利息（包括长期借款利息和短期借款利息）、应付债券利息、汇票贴现利息、应付票据利息、融资性应付款利息支出及逾期贷款银行加息（不含滞纳金、罚息）。

——为购建资产发生的借款利息支出，符合资本化条件的，应计入有关资产的价值，不在本项目核算。

——利息支出设"国内长期借款利息支出""外资长期借款利息支出""应付债券利息""短期借款利息支出""融资性应付款利息支出""预计弃置费用利息"及其他利息支出项目进行明细核算。

（2）利息收入。企业存款利息收入，包括银行存款利息、应收票据到期贴息收入等。企业购买国债、其他债券取得的利息收入列入"投资收益"项目核算。

（3）汇兑净损失。因汇率变动而发生的外币兑换差额。本项目设"汇兑损失"和"汇兑收益"两个细目，分别核算经营活动中发生的外币兑换损失及收益。

第16章 税务管理制度

16-01 公司税务管理制度

成本费用核算制度

1 目的

为了加强公司的税务管理工作,合理控制税务风险,防范税务违法行为,结合公司的实际情况,特制定本制度。

2 适用范围

适用于本公司及下属机构。

3 管理规定

3.1 管理机构设置及其职责

3.1.1 公司税务管理机构设置。

(1)公司财务部设立专职税务管理岗位和人员。

(2)各部门结合自身实际情况,在财务部相应设置专职或兼职税务管理岗位和人员。

3.1.2 公司财务部税务管理职责。

(1)负责公司日常税务事项的审核、核算、申报、缴纳(含代扣代缴)、协调与管理工作;负责公司各种发票的购买、领用和保管工作;按照税法规定,真实、完整、准确地准备和保存有关涉税业务资料,并按相关规定进行报备。

(2)贯彻执行国家有关税收政策,结合公司实际情况制定相应的实施管理办法,并负责督促、指导、监督与落实。

(3)负责与税务机关和上级主管部门的接洽、协调和沟通应对工作,负责解决应以公司名义统一协调、解决的相关税务问题。

(4)参与公司日常的经济活动和合同会签,利用所掌握的税收政策,为公司的战略制定、关联交易、并购重组等重大决策以及开发、采购、销售、投资等生产经营活动,提供税务专业支持与管理建议。

(5)负责所在地区最新税收政策的搜集和整理,及时了解和熟练掌握国家有关财税政策的变化,将与公司有关的重要税务政策变化归类汇总后,提交公司领导,必要时还应组织相关部门进行培训学习。结合公司实际情况认真研究、分析各项税务政策变化对公司的影响并提出合理化建议。

（6）合理利用税收政策，加强公司经营活动的税务筹划，每月对纳税申报、税负情况进行综合分析，有效地控制税收成本，发挥税务管理的效益。

3.1.3　公司应建立科学有效的职责分工和制衡机制，确保税务管理的不相容岗位相互分离、制约和监督。税务管理的不相容职责如下。

（1）税务规划的起草与审批。

（2）税务资料的准备与审查。

（3）纳税申报表的填报与审批。

（4）税款缴纳划拨凭证的填报与审批。

（5）发票购买、保管与财务印章保管。

（6）税务风险事项的处置与事后检查。

（7）其他应分离的税务管理职责。

3.1.4　任何税务事项的计缴必须有书面原始凭证和履行相应的审批程序。

3.1.5　公司涉税业务人员应具备必要的专业资质、良好的业务素质和职业操守，遵纪守法。

3.1.6　公司应定期对涉税业务人员进行培训，不断提高其业务素质和职业道德水平。

3.2　税务风险识别和评估

3.2.1　公司应全面、系统、持续地收集内部和外部相关信息，结合实际情况，通过风险识别、风险分析、风险评价等步骤，查找公司经营活动及其业务流程中的税务风险，分析和描述风险发生的可能性和条件，评价风险对公司实现税务管理目标的影响程度，从而确定风险管理的优先顺序和策略。公司应结合自身税务风险管理机制和实际经营情况，重点识别下列税务风险因素。

（1）公司管理层的税收遵从意识和对待税务风险的态度。

（2）涉税员工的职业操守和专业胜任能力。

（3）组织机构、经营方式和业务流程。

（4）技术投入和信息技术的运用。

（5）财务状况、经营成果及现金流情况。

（6）相关内部控制制度的设计和执行。

（7）经济形势、产业政策、市场竞争及行业惯例。

（8）法律法规和监管要求。

（9）其他有关风险因素。

3.2.2　公司应定期进行税务风险评估。税务风险评估由公司税务管理岗位协同相关职能部门实施，也可聘请具有相关资质和专业能力的中介机构协助实施。

3.2.3　公司应对税务风险实行动态管理，及时识别和评估原有风险的变化情况以及新产生的税务风险。

3.3　税务风险应对策略和内部控制

3.3.1 公司应根据税务风险评估的结果，考虑风险管理的成本和效益，在整体管理控制体系内，制定税务风险应对策略，建立有效的内部控制机制，合理设计税务管理的流程及控制方法，全面控制税务风险。

3.3.2 公司应根据风险产生的原因和条件从组织机构、职权分配、业务流程、信息沟通和检查监督等多方面建立税务风险控制点，根据风险的不同特征采取相应的人工控制机制或自动化控制机制，根据风险发生的规律和重大程度建立预防性控制和发现性控制机制。

3.3.3 公司应针对重大税务风险所涉及的管理职责和业务流程，制定覆盖各个环节的全流程控制措施；对其他风险所涉及的业务流程，合理设置关键控制环节，采取相应的控制措施。

3.3.4 公司因内部组织架构、经营模式或外部环境发生重大变化，以及受行业惯例和监管的约束而产生的重大税务风险，可以及时向税务机关报告，以寻求税务机关的辅导和帮助。

3.3.5 公司应对于发生频率较高的税务风险建立监控机制，评估其累计影响，并采取相应的应对措施。

3.4 信息与沟通

3.4.1 公司应建立税务风险管理的信息与沟通制度，明确税务相关信息的收集、处理和传递程序，确保公司税务管理部门内部、公司税务管理部门与其他部门、公司税务管理部门与管理层的沟通和反馈，发现问题应及时报告并采取应对措施。

3.4.2 公司应与税务机关和其他相关部门保持有效的沟通，及时收集和反馈相关信息。

（1）建立和完善税法的收集和更新系统，及时汇编企业适用的税法并定期更新。

（2）建立和完善其他相关法律法规的收集和更新系统，确保企业财务会计系统的设置和更改与法律法规的要求同步，合理保证会计信息的输出能够反映法律法规的最新变化。

3.4.3 公司应根据业务特点和成本效益原则，将信息技术应用于税务风险管理的各项工作，建立涵盖风险管理基本流程和内部控制系统各环节的风险管理信息系统。

（1）利用计算机系统和网络技术，对具有重复性、规律性的涉税事项进行自动控制。

（2）将税务申报纳入计算机系统管理，利用有关报表软件提高税务申报的准确性。

（3）建立年度税务日历，自动提醒相关责任人完成涉税业务，并跟踪和监控工作完成情况。

（4）建立税务文档管理数据库，采用合理的流程和可靠的技术对涉税信息资料安全存储。

（5）利用信息管理系统，提高法律法规的收集、处理及传递的效率和效果，动态监控法律法规的执行。

3.4.4 公司税务风险管理信息系统数据的记录、收集、处理、传递和保存应符合税法和税务风险控制的要求。

16-02 公司税务发票管理办法

公司税务发票管理办法

1 目的

为了进一步规范我公司经济活动，加强财务监督和管理，根据《中华人民共和国发票管理办法》的规定，结合我公司实际情况，特制定本办法。

2 适用范围

适用于公司各部门。

3 管理规定

3.1 发票的领购、缴销、保管

3.1.1 公司所用发票由财务部按规定统一向税务部门购买，财务部按税务部门要求对发票进行管理。

3.1.2 公司所用发票由财务部专门人员保管并建立完整的发票登记簿，详细登记各种发票购买、领用和结存情况。

3.1.3 已缴销或使用完毕的发票，按会计档案管理规定进行保管。

3.1.4 若发票丢失，则由经办人承担造成的一切经济损失（不仅限于税务罚款）。

3.2 发票的开具

3.2.1 公司需要开具发票（包含增值税专用发票和普通发票），首先由公司业务人员填写"销售发票开具申请单"，经公司总经理或总经理授权人员审批后，连同相应的与合同原件相符的复印件、发货单和购货部门开票信息（必须加盖公司业公章或者财务专用章），提交财务部开票人员开具发票。

3.2.2 已开好的发票，经业务人员复核无误后，在发票登记簿上签字领取发票相应联次，财务人员依据记账联登记入账。

3.2.3 发票填写规定：开发票时，应按顺序号全份复写，并加盖部门发票或财务专用章；各项目内容应填写清晰、真实、完整，包括客户名称、产品名称、规格型号、数量、部门、金额；作废的发票应整份保存，并注明"作废"字样（或依照税务当前规定进行处理）；严禁超范围或携往外市使用发票；严禁伪造、涂改、撕毁、挖补、转借、代开、买卖、拆本和单联填写发票。

3.3 发票的取得

3.3.1 经办人员取得各类发票时，包括增值税专用发票、普通发票、特殊收据，应严格审核其真伪、内容开具是否合规。

3.3.2 经济业务发生后，业务人员取得发票时，应向对方索取发票及税务登记证复印件，以确定其是否具有发票开具的资格。若其经营范围中不包含此业务，则其不具备开具发票的资格，需要到税务部门代开发票。

3.3.3 业务人员取得发票后应及时送交财务部门入账。日常经营活动取得的发票应在取得日后15天内（不超过发票开具日期30日内）提交财务入账。若出现因发票滞后入账，使增值税进项不能抵扣（一般发票抵扣期为90天），不能税前列支的问题，应追究有关当事人的责任。

3.3.4 差旅费、招待费发票必须在出差返回后或业务发生的15天内到财务部办理报销手续。

3.3.5 本年度发票应在本年度结束之前提交财务部挂账或付款，每年1月1日起不再报销以前年度各类发票及票据。

3.3.6 财务部在进行账务处理时将发现的假发票，退回经办人员，由经办人负责联系客户进行发票的更换。如不能更换，财务部拒绝付款，并提请总经理追究相关人员的责任。

第17章　财务稽核管理制度

17-01　财务内部稽核制度

财务内部稽核制度

1　目的

为建立经常性防错纠弊的机制，及时发现和处理财务管理、会计核算过程中出现的各种不良情况与问题，制定本制度。

2　适用范围

适用于集团公司及各成员企业。

3　定义

财务内部稽核是在财务部门内部设置稽核岗位，依据国家财经法规和公司财务会计制度，系统地检查、复核各项财务收支的合法性、合理性和会计处理的正确性，并对稽核中发现的问题及时进行处理的内部监督机制，包括对各项财务收支的事前、事中审查和对其他会计资料的事后复核。

4　管理规定

4.1　原则

4.1.1　防范性原则。及时发现和纠正企业实施财务管理、会计核算过程中出现的各种偏差，防范企业财务管理风险，不断提高企业财务管理水平和会计核算质量。

4.1.2　经常性原则。财务内部稽核依据加强财务管理、防范财务管理风险、监控财务收支的内在要求，按照财务机构设置与相应的职责分工随时随地进行，并对稽核中所发现的问题及时进行处理。

4.1.3　规范性原则。进行财务内部稽核，必须以国家财务会计法律法规和企业财务会计制度为准绳，以事实为根据，客观评价企业财务收支的合法性、合理性和会计处理的正确性。

4.2　内部稽核人员的基本职责

4.2.1　财务部为内部稽核主管部门。稽核人员负责审查经总经理批准的财务收支计划、销售经营计划、投资计划、固定资产购置计划、资金筹集和使用计划、利润分配计划的执行情况，发现问题应及时向公司领导反映，并提出改进设想、办法及措施，对计划指标的调整提出意见和建议。

4.2.2 稽核人员负责审查各项费用开支标准和是否按标准执行以及有无超标准、超范围开支。正确核算成本费用，严格划清成本界限。

4.2.3 稽核人员负责审查财务部各项规章制度的贯彻执行情况，对违反规定的现象和工作中的疏漏应及时指出，并提出改正意见和建议。

4.2.4 稽核人员、总经理、财务部经理可随时对报表、明细账进行调阅、检查，对数字的真实性、计算的准确性、内容的完整性提出质疑，会计人员应对自己负责的账目清楚明确，据实回答。

4.2.5 稽核人员、财务部经理负责审核账务处理是否符合会计制度的规定，是否符合公司经营管理的需要，是否能真实、全面反映公司实际情况。

4.2.6 稽核人员审核会计人员每月是否对自己负责的科目进行自查、分析，如有入账错误或异常变动，是否及时查找原因，及时调整更正。

4.3 稽核内容

4.3.1 会计凭证稽核。稽核人员审核会计人员制作的会计凭证是否由经管不同岗位的会计人员进行复核、签章。会计凭证稽核的主要内容有如下方面。

（1）审核原始凭证。原始凭证包括自制的入库单、出库单、调拨单、报销付款单据、回款单据、收入单据、销售小票，以及从外部门取得的发票或收据等。

——自制的原始凭证格式是否符合公司会计核算制度的规定；所反映的经济业务是否合乎公司的财务规定、合理；凭证填写日期与经济业务发生日期是否相符，单据是否齐全，数据是否准确，是否签批通过。

——各种原始凭证内容是否完整，是否列明接受部门名称；凭证的经济内容是否真实，品名、数量、单价是否填写齐全，金额计算是否准确；如有更改，是否有原经手人签字证明。

——凡须填写大、小写金额的原始凭证，大、小写金额是否一致；购买实物的原始凭证是否有验收证明（即入库单）；支付款项的原始凭证是否有收款部门或收款人证明或签字；报销凭证的审批手续是否完备，是否经授权审批人签字同意。

——如果原始凭证遗失或未取得原始凭证，由原填制部门出具证明作为原始凭证或出具由两个以上经办人员签字证明的原始凭证，出具证明的内容是否合法，是否经查实无重复支付现象。

——自制的原始凭证是否有凭证名称、填制日期、收款人名称、付款人名称、部门经理或总经理及经手人签字，金额计算准确、大小写齐全并格式正确；对外开具的原始凭证是否盖有公章及经手人签章。

——对不合理、不合法或伪造、变造的原始凭证应严厉查处，按《公司规章制度》的规定进行处理。票据的填制按《票据管理制度》的规定进行规范。

（2）审核记账凭证。

——记账凭证所附原始凭证是否齐全，内容是否与经济内容相符；对于需单独保管的重要原始凭证或文件，以及数量较多、不便附在记账凭证后面的原始凭证，是否在记账凭证上注明或留复印件等。

——记账凭证的制作是否规范；会计科目使用是否准确；借贷方向是否正确。

——记账凭证与原始凭证日期是否超过10天；内容、金额是否一致；摘要是否言简意赅，文理通顺，符合要求。

——记账凭证的制单、复核，财务部经理是否签名盖章；收付款凭证是否有经手人及出纳签名盖章；附件张数是否如实填写。

——对调整账目的凭证，要审核调整依据是否充足、金额是否准确；摘要中简要说明调账原因，是否有相关附件。

4.3.2 总账及报表稽核。稽核人员应核查会计人员是否每月核对报表、总账、明细账，发现不符或错漏，是否通知相关人员进行更正，是否能保证会计报表的真实、准确、完整、及时。

4.3.3 财产物资稽核。

（1）定期检查现金及银行存款日记账。稽核人员应定期核查现金及银行存款日记账，采用实地盘点法，检查库存现金实存数与日记账余额是否相符，有无"白条抵库"、现金收付不入账等现象。银行存款日记账与银行对账单是否相符，如未达账项是否填制银行存款余额调节表，未达账项是否查明原因，有无违反银行结算规定的现象。

——财务部经理每天检查现金、银行账目余额与出纳员自报现金余额数必须一致。

——财务部经理每周至少抽查三次现金库存，并依抽查盘点情况如实填制《库存现金抽查盘点报告》。

——财务部经理每月5日前检查主管会计提供的上月"银行余额调节表"，对于未达账项查明原因，落实人员跟踪负责。

（2）参与财务物资清查盘点。

——稽核人员应每年至少参与两次财产物资清查盘点，监督财产清查过程，核对清查盘点表。

——检查各项财产物资的管理是否按规定执行，是否发现账账不符、账实不符现象，并了解原因。

——对发生的盘盈、盘亏、报废、毁损等情况，要查明原因，并按规定程序报批后，进行账务处理，规范标准参照《固定资产管理制度》的规定执行。

4.3.4 会计档案稽核。

（1）稽核人员应每月检查会计档案。

——检查会计凭证、账簿、报表及其他会计资料是否按规定定期整理，装订成册，立卷归档。

——检查会计档案是否专人管理，是否按分类顺序编号，建立目录。

——会计凭证、账簿、报表封面填写是否完整，有无档案调阅、移交、销毁登记，手续是否齐全。

（2）稽核人员应每月检查会计电算化工作。

——检查是否按规定备份保管，是否有严格的硬软件管理规定并认真执行，是否符合安全保密要求。

——稽核项目标准参照《会计档案管理制度》中的相应规定执行。

4.3.5 资金筹集及运用稽核。稽核人员应检查每一份资金贷款合同，对贷款银行、金额、利率、期限、贷款条件等进行审核，并审核资金的运用是否符合公司资金管理规定，每季度检查一次是否按期还贷等。

4.3.6 关于协助内部稽核人员工作的要求。

（1）各部门对稽核人员的审计工作应给予支持、协助。

（2）稽核人员在进行稽核工作时，可以根据需要，审阅有关文件，检查指定的会计资料，发现问题可向有关部门和个人进行调查，索取证明材料；对违反公司规章制度的部门和个人提出纠正、改进意见和措施；对严重失职，造成公司重大经济损失的部门和个人，可向公司领导提出处理意见或建议；对检查工作中发现的重大问题要及时向领导反映，避免造成更大损失；对干扰、阻挠、拒绝、破坏稽核人员工作的部门和个人，可向财务部经理反映，由公司人事部依照《公司规章制度》中相应规定予以处置。

17-02　内部审计管理办法

内部审计管理办法

1　目的

督促公司各管理部门、业务单元在日常生产、经营管理过程中严格按制度办事、按规则办事，做到规范化管理，规避经营风险，增加公司价值，根据《中华人民共和国审计法》《审计署关于内部审计工作的规定》《中国内部审计准则》以及公司内部有关管理制度及管理规定，结合公司实际，特制定本办法。

2　适用范围

适用于公司管理部门、业务单元。

3　管理规定

3.1　审计机构和审计人员

3.1.1　内部审计人员的配备。公司内部设立审计机构，配备专职内部审计人员，负责公司内部审计工作，依照国家法规、政策和公司规章制度，独立行使内部审计职权，并向董事会报告内部审计工作。

3.1.2　内部审计人员应当具备的执业能力。

（1）熟悉有关国家政策、法律、法规、规章制度和现代企业制度。

（2）具备审计专业方面必需的知识和技能，能熟练应用内部审计标准、程序和技术。

（3）熟悉本部门经营管理及生产、技术知识。

（4）具有较强的组织协调、综合分析、专业判断、文字表达及微机操作能力。

（5）具有足够的有关防止舞弊的知识，并能够识别出可能已经发生的舞弊行为。

3.2 审计机构的职责与权限

公司内部审计机构应在公司董事会领导下，依照国家法律、法规和政策以及公司章程和有关规章制度，对公司及所属部门的财务收支、费用控制、经济效益以及经营活动进行内部审计，并对其出具的内部审计报告的客观性和真实性承担责任。

3.2.1 内部审计具体职责。

（1）对公司各管理部门、业务单元的财务预算、财务收支、资产质量、经营业绩以及采购、销售、仓储、物流等合同签订与履行等有关经济活动进行审计监督和评价。

（2）对公司各管理部门、业务单元财务、采购、生产、销售、工程、质量、安全、环保等各项内部控制和风险防范系统的完整性、合理性和有效性及执行情况进行审查和评价，并督促其建立健全内部控制体系和风险防范体系。

（3）对公司各管理部门、业务单元管理层执行"三公""四严""四以"原则的情况进行审查和评价。

（4）对公司各业务单元主要负责人进行任期内经济责任审计。

（5）对公司、业务单元基建工程、重大技术改造和大修等立项、预算、决算、施工进度和施工质量等进行监督和审核。

（6）对公司、业务单元工程招投标业务进行监督和工程材料报价的审核。

（7）完成领导安排的其他专项审计任务。

3.2.2 内部审计具体权限。内部审计机构在审计期间，有权检查被审部门审计区间内所有有关经营管理的账务、资料，具体如下。

（1）会计账簿、凭证、报表。

（2）全部业务合同、协议、契约。

（3）全部开户银行的银行对账单。

（4）各项资产证明，投资的股权证明。

（5）要求提供各项债权债务的确认函。

（6）与客户往来的重要文件。

（7）重要投资经营决策过程记录。

（8）重要会议记录。

（9）其他相关资料。

必要时审计人员可根据审计实际情况就审计区间向前追溯和向后推迟，被审计部门不得拒绝。

3.2.3 其他权限。内部审计机构还具有以下权限。

（1）就审计事项的有关问题向被审计部门或个人进行调查。

（2）盘点被审计部门全部实物资产及有价证券等。

（3）要求被审计部门负责人在审计工作底稿上签署意见，对有关审计事项写出书面说明材料。

（4）制止正在进行的严重违反国家规定或严重危害公司利益的活动，审计部经权力机构批准，有权对重大紧急事项立即采取封存账簿、资产等临时性措施或申请其他部门采取保全措施后报有关领导。

（5）建议公司对违反财经法纪和严重失职造成重大经济损失的部门和个人追究责任。

（6）对被审计部门提出改进管理的建议。

（7）责令被审计部门限期调整账务；追缴违法违规所得和被侵占的公司财产。

（8）建议通报批评违反财经纪律的严重事例和人员，表扬经营有方、成绩卓著和遵纪守法的部门和个人。

3.3 被审计部门的责任与义务

3.3.1 在开展各项审计时，被审计部门有责任与义务按"审计通知书"及现场要求如实提供会计报表，和有关文件、资料、凭证及其他相关资料，不得阻挠、拒绝、拖延、谎报。

3.3.2 被审计部门在审计期间不得转移、隐匿、篡改、毁损会计凭证、会计账簿、会计报表以及其他与财务收支有关的资料。

3.3.3 审计人员调查了解被审计部门有关问题时，被审计部门有责任和义务提供有关线索，同时被调查人员有责任和义务向审计人员提供真实的材料。

3.3.4 审计人员与被审计部门就审计报告进行交流时，被审计部门有责任和义务从实事求是的原则出发，与审计人员沟通。对于报告中提出的问题，应虚心接受审计部门的建议，并在规定的时间内予以纠正，并反馈整改结果。

3.3.5 被审计部门必须提供合同原件及相关审查资料（合同备忘录、新供应商资质材料、询价单、核价表、比价表、付款方式说明、现场勘察实物、技术协议及其他相关审计资料）。

3.3.6 审计人员在进行工程决算审计时，被审计部门有责任和义务提供工程决算资料（包括施工图纸、鉴证、工作任务单、验收单，同时提供工程所用材料的规格型号、品牌、材料合格证、材料复验单、技术性能及其他相关审计资料）。

3.3.7 所属子公司及分厂在进行工程技改项目时，工程管理人员须对工程质量、进度进行检查监督，防止出现劣质工程。

3.4 审计工作程序

3.4.1 拟订年度审计计划。公司内部审计机构根据公司安排和公司具体情况拟订年度审计计划,经公司批准后实施。

3.4.2 制定项目审计实施方案。根据被审计部门实际情况,制定项目审计实施方案,经本机构主管领导批准后正式实施。

3.4.3 实施工作计划内容。审计项目确定后,其实施工作计划应包括以下主要内容。

(1)审计项目名称。
(2)审计目的和范围。
(3)审计主要方式和步骤。
(4)审计人员组织。
(5)审计时间安排。
(6)其他应事先明确的内容。

3.4.4 下达审计通知书。审计机构应在实施正式审计前3天下达审计通知书,通知被审计部门。审计通知书内容如下。

(1)被审计部门及项目名称。
(2)审计范围、内容和时间。
(3)对被审计部门配合审计工作的要求。
(4)审计机构的其他工作要求。

3.4.5 审计主要步骤。通过核对财务会计账簿、报表、凭证和查阅与审计相关的各类文件、资料和查核实物,并通过调查访问有关部门和人员等方法收集审计证据,编写审计工作底稿,在审计工作底稿上签署明确审计意见。

3.4.6 提交审计报告。在执行审计实施工作计划并完成审计主要步骤后,审计小组应及时向公司提交审计报告。审计小组提交审计报告前应当与被审计部门进行认真交流和沟通,被审计部门应在审计报告指定期内提出书面意见。审计部应将审计报告附被审计部门书面意见一并报送公司领导。

3.4.7 作出评价和改进建议。审计部应依据审计报告,对具体的审计事项作出评价和改进建议,拟订并向被审计部门下达审计结论和审计意见书。

3.4.8 对审计结论和审计意见及时作出处理。审计结论和审计意见书送达被审计部门后,被审计部门必须对审计结论和审计意见及时作出处理,并在一定期限内将处理结果报告公司审计部。对审计意见书、审计决定如有异议,可以向公司总经理提出,裁决处理。

3.4.9 对重要的审计项目实行后续审计。审计部对重要的审计项目应实行后续审计,即主要检查被审计部门按审计意见书改进工作和执行审计决定的情况。

3.5 审计档案管理

3.5.1 审计工作中形成的文件资料,审计部应有专人管理,年度终了移送公司档案管理部门。

3.5.2 审计档案的管理范围如下。

（1）审计通知书和审计方案。

（2）审计报告及其附件。

（3）审计记录、审计工作底稿和审计证据。

（4）反映被审部门和个人业务活动的书面文件。

（5）公司领导对审计事项或审计报告的指示、批复和意见。

（6）审计处理决定以及执行情况报告。

（7）申诉、申请复审报告。

（8）复审和后续审计的资料。

（9）其他应保存的资料。

3.6 保密制度

3.6.1 公司审计部负责对内部审计人员的保密培训指导工作，提高审计人员在审计活动中的责任感和保密意识。

3.6.2 审计人员应严格执行保密制度，严守审计机密，对未予公开的事项不得外传。

3.6.3 审计人员对在执行审计过程中所掌握的被审计部门的经营策略、商业秘密、经营信息、生产技术、供应信息、财务资料、财务信息等应严格保守秘密。对审计报告（含原始材料）、审计决定和领导指示，未经审计报告签发者同意不得向外透露。

3.6.4 对向内审部门揭发问题的人、群众来信，以及外部门转来的有关资料，不管本人是否提出为其保密的要求，审计人员都要为其保密。

3.6.5 印发审计文件材料应按规定划注密级，印发范围要严格按公司规定执行，不得随意扩大；未经对外公布的审计文件材料不得带至公共场所；审计文件材料未经本部门领导批准不得外借。

3.6.6 对在审计工作中故意或无意泄露保密内容，给公司生产、经营活动造成重大损失的，应按公司有关制度规定追究其责任，情节严重的追究法律责任。

3.7 奖励和处罚

3.7.1 奖励：对执行本制度工作成绩显著的部门和个人，审计机构向董事会提出给予表扬和奖励的建议。

3.7.2 处罚：对违反本制度，有下列行为之一的被审公司（部门）和个人，由公司根据情节轻重给予行政处分、经济处罚，或提交有关部门进行处理。

（1）拒绝提供账簿、会计报表、资料和证明材料的。

（2）阻挠审计人员行使职权，抗拒、破坏审计检查的。

（3）弄虚作假、隐瞒事实真相的。

（4）拒不执行审计意见书或审计结论和决定的。

（5）打击报复审计工作人员的。

3.7.3 审计工作人员违反本制度规定，有下列行为之一，给予行政处分、经济处罚。

（1）利用职权牟取私利的。

（2）弄虚作假、徇私舞弊的。

（3）玩忽职守，给被审公司造成损失的。

（4）泄露被审公司商业机密的。

17-03 财产清查制度

财产清查制度

1 目的

为加强公司财产管理，通过对实物、现金的实地盘点，及银行存款和往来款项的核对，确定企业资产实有数额，保证财产安全，特制定本制度。

2 适用范围

适用于公司各项财产的清查工作。

3 权责

本公司的财产清查工作具体由财务部负责，相关的财产使用部门配合清查。

4 管理规定

4.1 财产清查的范围与期限

公司财产清查的范围包括所有的财产物资、债权、债务，具体如下。

4.1.1 固定资产。含生产用、封存、出租、租入等。

4.1.2 材料。含仓库保管料、在途料、账外料、废旧料、备用料等。

4.1.3 低值易耗品。含在用及库存的家具备品、办公用品、清扫用具等。

4.1.4 库存现金、油价证券、银行存款。

4.1.5 应收、应付款项。含应收账款、其他应收款、预付账款及应付账款、其他应付款、预收账款等。

4.2 财产清查的期限与组织

4.2.1 财产清查的期限。

（1）公司应定期或不定期进行财产清查。每年至少进行一次全面的大清查工作。

（2）遇部门撤销、合并、分立、改制、改变隶属关系时，必须对财产物资、债权、债务进行盘点清查，并编制清查报表。

（3）人员调动时，必须对所保管的财产物资、经办的债权债务进行清查。

（4）部门负责人更换时，必须对部门的财产物资进行清查。

4.2.2　财产清查的组织。

（1）日常的财产清查工作由财务部根据需要灵活安排，由财务部直接与相关部门联系清查。

（2）全公司进行财产普查时，成立领导小组具体指导清查工作。由公司负责人和财务部、行政部、其他职能部门的有关人员组成，以便清查工作有组织有步骤地进行。

（3）在进行财产清查的过程中，各有关部门要主动配合，积极做好各方面的准备工作。财产物资保管人员，对已经发生的经济业务，应做到全部登记入账；对所保管的财产物资，应整理清楚，排列整齐，挂好标签，表明品种、规格和结存数量，以便盘点清查。财务部门应将有关账目登记齐全，核对清楚，做好记录，计算完整、准确，保证账账、账证相符。

4.3　财产清查的方法与程序

4.3.1　固定资产、材料、低值易耗品等实物的清查方法有实地盘点法和技术推算法。实地盘点法主要清查财产的数量；技术推算法主要清查财产的价值。

4.3.2　固定资产清查工作由财务部、行政部等相关职能部门和使用部门共同配合进行。具体程序如下。

（1）由财务部核对固定资产账册和卡片，做到报表与总分类账一致，总分类账余额与明细分类账余额一致，明细分类账余额与固定资产卡片金额之和一致。

（2）由财务部和使用部门核对固定资产台账（履历簿）和卡片，保证相互一致。

（3）由财务部负责组织使用部门进行固定资产盘点清查，以卡对物、以物对卡，保证相互一致，并对固定资产的使用状况、使用状态进行核实。对闲置、封存、使用率不高等情况分别注明并进行登记、统计。

（4）对移动使用的固定资产要经常做到轮流盘点，重点抽查，确保卡物相符。

4.3.3　材料、低值易耗品清查由财务部、材料物资管理部门、使用部门共同进行。其方法和程序如下。

（1）清查要求达到"三清"：数量清即账卡物相符；质量清即查清成新率和变质、损坏物资的品种、规格、数量；入库日期清即查明超保管期限及积压呆滞物资的品种、规格、数量，并提出处理意见。

（2）使用部门应将账内、账外等所有材料用盘点单进行登记（一式三份），报材料物资管理部门汇总，并分别注明多余、积压等异常现状。材料物资部门对多余、积压物资进行调剂或及时回收。

（3）材料物资保管部门对由仓库保管的材料、低值易耗品用盘点单进行全面盘点登记，并注明多余、积压等异常现状。

（4）对在用低值易耗品应分部门建立备品手册管理。备品手册一般是两本，一本存材料物资管理部门，另一本由使用部门保管。使用部门定期与材料物资管理部门进行核对，做到账、物相符。材料物资管理部门每年对在用低值易耗品进行清查并进行标记。

4.3.4 货币资金、有价证券的清查，包括库存现金、银行存款、有价证券的清查。清查方法有实地盘点和开户银行对账。具体方法如下。

（1）库存现金、有价证券清查。

——一般采用实地盘点的方法来确定实存数，然后与现金日记账、有关会计账簿余额进行核实，以查明账实是否相符。

——库存现金清查时，出纳人员必须在场，不得允许以借条、收据等白条抵库。

——财务部分每月抽查不少于2次，根据清查结果编制现金、有价证券清查结果报告表，并在现金日记账余额栏外盖章。

（2）银行存款清查。

——一般采用与开户银行对账方法，将企业记账的银行结算单据逐笔与开户银行对账单核对，以查明是否相符。

——对双方记账时间不一致产生的"未达账项"，造成双方余额有差异的应编制银行存款余额调节表进行调整。

——财务部经理每月抽查不少于2次，并在银行存款日记账余额栏外盖章。

4.3.5 债权、债务往来款项清查包括各种应收、应付款项。清查方法采用与债权债务部门或个人对账的方法，并要求双方进行书面确认。除了做到账账相符以外，还应查明双方有无发生争议的款项，以及可能无法收回的款项，以便及时采取措施，避免和减少坏账损失。特别对经办人员调离时，应及时处理。

4.4 财产清查结果的处理与考核

4.4.1 对在财产清查过程中发现的资产盘盈、盘亏、毁损、报废等，应当分别情况进行处理和考核。

4.4.2 由财产清查小组核对盘盈、盘亏、报废等结果，查明原因，分清责任，分别填制"固定资产盘盈、盘亏理由书""固定资产报废申请单""材质鉴定书"等，并报上级有关部门批准列销。

4.4.3 由于事故责任造成的损失，应根据责任确认损失承担部门，由事故责任承担部门负责给予补偿。

4.4.4 由于人为因素造成的损失，应由保险公司赔偿或由个人承担经济责任、行政或法律责任。

（1）低值易耗品在规定使用期限内，由于管理不善造成人为损坏、丢失，要先赔偿，后补发。已到使用年限，经鉴定小组认可，同意报废更新的，必须以旧换新。

（2）因不负责任造成财产物资损坏、变质、丢失的，除按损失费用的

5%～50%赔偿外，还应按经济责任制进行考核；将公家财产物资送人或占为己有的，除按价值全部赔偿外，还应视情节轻重追究经济责任、行政或法律责任。对工程余料、废旧料、账外料管理不善，造成流失、被盗的，按损失金额，由责任部门及个人全额赔偿，并按经济责任制进行考核。

（3）对各部门公用的工具、备品（含公私两用的财产物资），必须要有数量借用台账。部门内人员调动必须办理交接手续，如交接不清，由部门负责人负责赔偿。

4.4.5 对无法收回的款项，应对欠款部门或个人采取法律手段予以追收，并对经办人采取经济连带赔偿制度。

4.4.6 对积压物资、呆滞物资、多余物资应及时回收、调剂、变卖，同时分析原因，分清责任，对经办人进行经济责任制考核。

4.4.7 对闲置、未使用、封存的固定资产应及时调剂、变卖，并着重分析原因，提高资产使用效率。

17-04 财务盘点制度

财务盘点制度

1 目的

为确保财产盘点的正确性，加强管理人员的责任心，保护公司的财产安全完整，特制定本制度。

2 适用范围

适用于公司及下属业务单元。

3 管理规定

3.1 财产盘点范围

3.1.1 存货盘点。包括原料、物料、在制品、制成品、零件保养材料、外协加工料品、下脚料等。

3.1.2 财务盘点。包括现金、票据、有价证券、租赁契约等。

3.1.3 其他财产盘点。包括固定资产、保管资产、保管品等。

（1）固定资产：包括土地、建筑物、机器设备、运输设备、生产器具等资本支出购置者。

（2）保管资产：属于固定资产性质，但以费用报支的零星设备。

（3）保管品：以费用购置的物品。

3.2 盘点方式

3.2.1 年中、年终盘点。

（1）存货：由生产部门会同财务部门于年（中）终时，实施全面总清点一次。

（2）财务：由财务部自行盘点。

（3）其他财产：由经管部门会同财务部门于年（中）终时，实施全面总清点一次。

3.2.2 月末盘点。每月末所有存货，由生产部门会同财务部门实施全面清点一次（品种较多的可以采取重点盘点）。

3.2.3 月中检查。由财务部门通知有关部门主管后，会同经管部门，做存货随机抽样盘点。

3.3 人员的指派与职责

3.3.1 总盘人：由总经理担任，负责盘点工作的总指挥，督导盘点工作的进行及异常事项的裁决。

3.3.2 主盘人：由各有关部门主管担任，负责实际盘点工作的组织协调。

3.3.3 监盘人：由总经理室视需要指派或由有关部门的主管负责盘点监督之责。

3.3.4 盘点人：由各有关部门主管指派或由财产保管人担任，负责点计数量。

3.3.5 会点人：由财务部门指派（人员不足时，间接部门支援），负责会点并记录，与盘点人分段核对、确认数据工作。

3.3.6 协点人：由各有关部门主管指派，负责盘点时料品的搬运及整理工作。

3.3.7 特定项目：按月盘点及不定期抽点的盘点工作，亦应设置盘点人、会点人，其职责亦同。

3.3.8 监点人：由总经理室派员担任。

3.4 盘点前的准备事项

3.4.1 经管部门将应行盘点的用具，预先准备妥当，所需盘点表格，由财务部门准备。

3.4.2 存货的堆置，应力求整齐、集中、分类，并置标示牌。

3.4.3 现金、有价证券及租赁契约等，应按类别整理并列清单。

3.4.4 各项财产卡依编号顺序，事先准备妥当，以备盘点。

3.4.5 各项财务账册应于盘点前登记完毕，如因特殊原因，无法完成时，应由财务部门将尚未入账的有关单据如缴库单、领料单、退料单、交运单、收料单等利用"结存调整表"一式两联，将账面数调整为正确的账面结存数后，第二联财务部门自存，第一联送经管部门。

3.4.6 盘点期间已收到料而未办妥入账手续的原料、物料，应另行分别存放，并予以标示。

3.5 年终（年中）全面盘点

3.5.1 财务部门应在报经总经理批准后，签发盘点通知，并负责召集各有关部门的主管召开盘点协调会后，拟订盘点计划，限期办理盘点工作。

3.5.2 盘点期间除紧急用料外，暂停收发料，对于各车间在盘点期间所需用料的领料，材料可不移动，但必须标示。

3.5.3 盘点物品时，会点人均应依据盘点人的实际盘点数，翔实记录于"盘点统计表"上，并每小段应核对一次，无误者于"盘点统计表"上互相签名确认，若有出入者，必须重新盘点。盘点完毕，盘点人应将"盘点统计表"汇总编制"盘存表"，送财务部门审核。

3.6 不定期抽查盘点

3.6.1 盘点日期及项目，以不预先通知有关部门为原则。

3.6.2 盘点前应由财务部门利用"结存调整表"将账面数先行调整至盘点的确实账面结存数，再进行盘点。

3.6.3 不定期抽查盘点，应填列"盘存表"。

3.7 盘点报告

无论是哪种类型的盘点，财务部门均应根据审核后的"盘存表"编制"盘点盈亏报告表"，送经管部门填列差异原因及处理意见后，转报总经理审批。

3.8 盘点实施

3.8.1 现金、票据及有价证券盘点。

（1）现金、银行存款、零用金、票据、有价证券、租赁契约等项目，除年终（年中）盘点时，应由财务部门会同经管部门共同盘点外，平时财务部门主管至少每月抽查一次。

（2）盘点前应先将现金、零用金、票据存放处封锁，并于核对账册后开启，由会点人员与经管人员共同盘点。

（3）有价证券及各项所有权凭证等应确实核对认定，会点人依实际盘点数翔实填列"有价证券盘点报告表"，经双方鉴证确认报送财务部门主管，如有出入，应立即报告总经理处理。

3.8.2 存货盘点。

（1）存货的盘点，以当月结账最末一日举行为原则。

（2）存货原则上采用全面盘点。实施全面盘点有困难者，应报经总经理批准后，方可改变盘点方式。

3.8.3 其他项目盘点。

（1）委外加工料品：由各委外加工料品经办人员，会同财务人员，共同赴外盘点，并经受托加工方签字确认。

（2）销货退回的成品，应于盘点前办妥退货手续。

（3）经管部门将新增加土地、房屋的所有权的影印本，送财务部门核查。

3.8.4 注意事项。

（1）所有参加盘点工作的盘点人员，对于本身的工作职责及应进行准备的事项，必须深入了解。

（2）盘点人员盘点当日一律停止休假，并须依照规定时间提早到达指定的工作地点向主盘人报到，接受工作安排。如有特殊事故而觅妥代理人应经事先报备核准，否则以旷工论处。

（3）所有盘点财务都以静态盘点为原则，因此盘点开始后应停止财物的进出及移动。

（4）盘点使用的单据、报表内所有栏位若遇修改处，均须经盘点人员签认始能生效，否则应追究其责任。

（5）所有盘点数据必须以实际清点、磅秤或换算的确实资料为据，不得以猜想数据、伪造数据记录。

（6）盘点开始至终了期间，各组盘点人员均受主盘人指挥监督。

3.9　盘点工作奖惩

3.9.1　奖励：参加盘点工作的人员必须遵守本制度，表现优异者，经由主盘人申报，给予适当的奖励。

3.9.2　惩罚：工作玩忽职守、不负责任的，除责令重新盘点外，处以_____~_____元以下的罚款。

3.9.3　账载错误处理。

（1）保管台账账载数量如因漏账、记错、算错、未结账或账面记载不清者，对有关责任人处以_____元以下的罚款。

（2）保管台账账载数字如有涂改而未盖章、签章、签证等无凭证可查，或凭证未整理难以查核或有虚构数字者一律处以_____元以上_____元以下的罚款。

3.9.4　赔偿处理。财产、物料管理人员、保管人有下列情况者，除赔偿相同的金额，情节严重的予以开除处分，直至依法追究刑事责任。

（1）对所保管财物有盗卖、调换或化公为私等营私舞弊者。

（2）对所保管财物未经报准而擅自移转、拨借或损坏不报告者。

（3）未尽保管责任或由于过失致使财物遭受被窃、损失或盘亏者。

第18章 会计核算管理制度

18-01 流动资产核算制度

流动资产核算制度

1 目的

为了规范企业的会计核算，真实、完整地提供会计信息，根据《中华人民共和国会计法》及国家其他有关法律和法规，制定本制度。

2 适用范围

适用于企业对流动资产核算进行管理的相关事宜。

3 企业的会计记账采用借贷记账法

3.1 会计记录的文字应当使用中文。

3.2 在民族自治地方，会计记录可以同时使用当地通用的一种民族文字。

3.3 在中华人民共和国境内的外商投资企业、外国企业和其他外国组织的会计记录，可以同时使用一种外国文字。

4 企业在会计核算时遵循的基本原则

4.1 会计核算应当以实际发生的交易或事项为依据，如实反映企业的财务状况、经营成果和现金流量。

4.2 企业应当按照交易或事项的经济实质进行会计核算，而不应当仅仅按照它们的法律形式作为会计核算的依据。

4.3 企业提供的会计信息应当能够反映企业的财务状况、经营成果和现金流量，以满足会计信息使用者的需要。

4.4 企业的会计核算方法前后各期应当保持一致。

4.4.1 不得随意变更。

4.4.2 如有必要变更，应当将变更的内容和理由、变更的累积影响数，以及累积影响数不能合理确定的理由等，在会计报表附注中予以说明。

4.5 企业的会计核算应当按照规定的会计处理方法进行，会计指标应当口径一致、相互可比。

4.6 企业的会计核算应当及时进行，不得提前或延后。

4.7 企业的会计核算和编制的财务会计报告应当清晰明了，便于理解和利用。

4.8 企业的会计核算应当以权责发生制为基础。

4.8.1 凡是当期已经实现的收入和已经发生或应当负担的费用，不论款项是否收付，都应当作为当期的收入和费用。

4.8.2 凡是不属于当期的收入和费用，即使款项已在当期收付，也不应当作为当期的收入和费用。

4.9 企业在进行会计核算时的要求如下。

4.9.1 收入与其成本、费用应当相互配比。

4.9.2 同一会计期间内的各项收入和与其相关的成本、费用，应当在该会计期间内确认。

4.10 企业的各项财产在取得时的处理规定如下。

4.10.1 应当按照实际成本计量。

4.10.2 各项财产如果发生减值，应当按照本制度规定计提相应的减值准备。

4.10.3 除法律、行政法规和国家统一的会计制度另有规定者外，企业一律不得自行调整其账面价值。

4.11 企业的会计核算应当合理划分收益性支出与资本性支出的界限。

4.11.1 凡支出的效益仅及于本年度（或一个营业周期）的，应当作为收益性支出。

4.11.2 凡支出的效益及于几个会计年度（或几个营业周期）的，应当作为资本性支出。

4.12 企业在进行会计核算时，应当遵循谨慎性原则的要求，不得多计资产或收益，少计负债或费用，但不得计提秘密准备。

4.13 企业的会计核算应当遵循重要性原则的要求。

4.13.1 在会计核算过程中对交易或事项应当区别其重要程度，采用不同的核算方式。

4.13.2 对资产、负债、损益等有较大影响，并进而影响财务会计报告使用者据以作出合理判断的重要会计事项，必须按照规定的会计方法和程序进行处理，并在财务会计报告中予以充分、准确地披露。

4.13.3 对次要的会计事项，在不影响会计信息真实性和不至于误导财务会计报告使用者作出正确判断的前提下，可适当简化处理。

5 流动资产核算

是指可以在1年或者超过1年的一个营业周期内变现或耗用的资产，主要包括现金、银行存款、短期投资、应收及预付款项、待摊费用、存货等。

5.1 企业应当设置现金和银行存款日记账。

5.1.1 按照业务发生顺序逐日逐笔登记。银行存款应按银行和其他金融机构的名称和存款种类进行明细核算。

5.1.2 有外币现金和存款的企业，还应当分别按人民币和外币进行明细核算。

5.1.3 现金的账面余额必须与库存数相符；银行存款的账面余额应当与银行对

账单定期核对，并按月编制银行存款余额调节表调节相符。

5.2 短期投资核算。是指能够随时变现并且持有时间不准备超过1年（含1年）的投资，包括股票、债券、基金等。短期投资应当按照以下原则核算。

5.2.1 短期投资在取得时应当按照投资成本计量。短期投资取得时的投资成本按以下方法确定。

（1）以现金购入的短期投资，按实际支付的全部价款，包括税金、手续费等相关费用核算。

（2）实际支付的价款中包含的已宣告但尚未领取的现金股利，或已到付息期但尚未领取的债券利息，应当单独核算，不构成短期投资成本。

（3）已存入证券公司但尚未进行短期投资的现金处理方式如下。

——先作为其他货币资金处理。

——待实际投资时，按实际支付的价款或实际支付的价款减去已宣告但尚未领取的现金股利，或已到付息期但尚未领取的债券利息，作为短期投资的成本。

（4）投资者投入的短期投资，按投资各方确认的价值，作为短期投资成本。

（5）企业接受的债务人以非现金资产抵偿债务方式取得的短期投资，或以应收债权换入的短期投资，按应收债权的账面价值加上应支付的相关税费，作为短期投资成本。涉及补价的，按以下规定确定受让的短期投资成本。

——收到补价的，按应收债权账面价值减去补价，加上应支付的相关税费，作为短期投资成本。

——支付补价的，按应收债权的账面价值加上支付的补价和应支付的相关税费，作为短期投资成本。

（6）以非货币性交易换入的短期投资，按换出资产的账面价值加上应支付的相关税费，作为短期投资成本。涉及补价的，按以下规定确定换入的短期投资成本。

——收到补价的，计算出资产的账面价值加上应确认的收益和应支付的相关税费减去补价后的余额，作为短期投资成本。

——支付补价的，计算出资产的账面价值加上应支付的相关税费和补价，作为短期投资成本。

5.2.2 短期投资的现金股利或利息，应于实际收到时，冲减投资的账面价值，但已记入"应收股利"或"应收利息"科目的现金股利或利息除外。

5.2.3 企业应当在期末时做以下账务处理。

（1）对短期投资按成本与市价孰低计量。

（2）对市价低于成本的差额，应当计提短期投资跌价准备。

（3）企业计提的短期投资跌价准备应当单独核算，在资产负债表中，短期投资项目按照减去其跌价准备后的净额反映。

5.2.4 处置短期投资时：应将短期投资的账面价值与实际取得价款的差额，作为当期投资损益。

5.2.5 企业的委托贷款,应视同短期投资进行核算,但委托贷款应按期计提利息,计入损益。

5.2.6 企业按期计提的利息到付息期不能收回的,应当停止计提利息,并冲回原已计提的利息,期末时,企业的委托贷款应按资产减值的要求,计提相应的减值准备。

5.3 应收及预付款项核算。

5.3.1 应收及预付款项:是指企业在日常生产经营过程中发生的各项债权,包括应收款项(包括应收票据、应收账款、其他应收款)和预付账款等。

5.3.2 应收及预付款项应当按照以下原则核算。

(1)应收及预付款项应当按照实际发生额记账,并按照往来户名等设置明细账,进行明细核算。

(2)带息的应收款项:应于期末按照本金(或票面价值)与确定的利率计算的金额,增加其账面余额,并确认为利息收入,计入当期损益。

(3)到期不能收回的应收票据:应按其账面余额转入应收账款,并不再计提利息。

(4)企业与债务人进行债务重组的,按以下规定处理。

——债务人在债务重组时以低于应收债权的账面价值的现金清偿的,企业实际收到的金额小于应收债权账面价值的差额,计入当期营业外支出。

——以非现金资产清偿债务的,应按应收债权的账面价值等作为受让的非现金资产的入账价值。

——如果接受多项非现金资产的:应按接受的各项非现金资产的公允价值占非现金资产公允价值总额的比例,对应收债权的账面价值进行分配,并按照分配后的价值作为所接受的各项非现金资产的入账价值。

5.3.3 以债权转为股权的,按以下规定处理。

(1)应按应收债权的账面价值等作为受让的股权的入账价值。

(2)如果涉及多项股权的:应按各项股权的公允价值占股权公允价值总额的比例,对应收债权的账面价值进行分配,并按照分配后的价值作为所接受的各项股权的入账价值。

5.3.4 以修改其他债务条件清偿债务的,按以下规定处理。

(1)应将未来应收金额小于应收债权账面价值的差额,计入当期营业外支出。

(2)如果修改后的债务条款涉及或有收益的,则或有收益不应当包括在未来应收金额中,待实际收到或有收益时,计入收到当期的营业外收入。

5.4 企业应于期末时对应收款项(不包括应收票据)计提坏账准备。坏账准备应当单独核算,在资产负债表中应收款项按照减去已计提的坏账准备后的净额反映。

5.5 待摊费用。是指企业已经支出,但应当由本期和以后各期分别负担的,分摊期在1年以内（含1年）的各项费用，如低值易耗品摊销、预付保险费、一次性购买印花税票和一次性购买印花税税额较大需分摊的数额等。

  5.5.1 待摊费用应按其受益期限在1年内分期平均摊销，计入成本、费用。

  5.5.2 如果某项待摊费用已经不能使企业受益，应当将其摊余价值一次全部转入当期成本、费用，不得再留待以后期间摊销。

  5.5.3 待摊费用应按费用种类设置明细账，进行明细核算。

18-02 存货核算管理制度

存货核算管理制度

1 目的

  为了规范企业的会计核算，真实、完整地提供会计信息，根据《中华人民共和国会计法》及国家其他有关法律和法规，制定本制度。

2 适用范围

适用于企业对存货核算进行管理的相关事宜。

3 企业的会计记账采用借贷记账法

3.1 会计记录的文字应当使用中文。

3.2 在民族自治地方，会计记录可以同时使用当地通用的一种民族文字。

3.3 在中华人民共和国境内的外商投资企业、外国企业和其他外国组织的会计记录，可以同时使用一种外国文字。

4 企业在会计核算时遵循的基本原则

4.1 会计核算应当以实际发生的交易或事项为依据，如实反映企业的财务状况、经营成果和现金流量。

4.2 企业应当按照交易或事项的经济实质进行会计核算，而不应当仅仅按照它们的法律形式作为会计核算的依据。

4.3 企业提供的会计信息应当能够反映企业的财务状况、经营成果和现金流量，以满足会计信息使用者的需要。

4.4 企业的会计核算方法前后各期应当保持一致。

  4.4.1 不得随意变更。

  4.4.2 如有必要变更，应当将变更的内容和理由、变更的累积影响数，以及累积影响数不能合理确定的理由等，在会计报表附注中予以说明。

4.5 企业的会计核算应当按照规定的会计处理方法进行，会计指标应当口径一致、相互可比。

4.6 企业的会计核算应当及时进行，不得提前或延后。

4.7 企业的会计核算和编制的财务会计报告应当清晰明了,便于理解和利用。

4.8 企业的会计核算应当以权责发生制为基础。

4.8.1 凡是当期已经实现的收入和已经发生或应当负担的费用,不论款项是否收付,都应当作为当期的收入和费用。

4.8.2 凡是不属于当期的收入和费用,即使款项已在当期收付,也不应当作为当期的收入和费用。

4.9 企业在进行会计核算时的要求如下。

4.9.1 收入与其成本、费用应当相互配比。

4.9.2 同一会计期间内的各项收入和与其相关的成本、费用,应当在该会计期间内确认。

4.10 企业的各项财产在取得时的处理规定如下。

4.10.1 应当按照实际成本计量。

4.10.2 各项财产如果发生减值,应当按照本制度规定计提相应的减值准备。

4.10.3 除法律、行政法规和国家统一的会计制度另有规定者外,企业一律不得自行调整其账面价值。

4.11 企业的会计核算应当合理划分收益性支出与资本性支出的界限。

4.11.1 凡支出的效益仅及于本年度(或一个营业周期)的,应当作为收益性支出。

4.11.2 凡支出的效益及于几个会计年度(或几个营业周期)的,应当作为资本性支出。

4.12 企业在进行会计核算时,应当遵循谨慎性原则的要求,不得多计资产或收益,少计负债或费用,但不得计提秘密准备。

4.13 企业的会计核算应当遵循重要性原则的要求。

4.13.1 在会计核算过程中对交易或事项应当区别其重要程度,采用不同的核算方式。

4.13.2 对资产、负债、损益等有较大影响,并进而影响财务会计报告使用者据以作出合理判断的重要会计事项,必须按照规定的会计方法和程序进行处理,并在财务会计报告中予以充分、准确地披露。

4.13.3 对次要的会计事项,在不影响会计信息真实性和不至于误导财务会计报告使用者作出正确判断的前提下,可适当简化处理。

5 存货核算管理

5.1 存货。是指企业在日常生产经营过程中持有以备出售,或者仍然处在生产过程,或者在生产或提供劳务过程中将消耗的材料或物料等,包括各类材料、商品、在产品、半成品、产成品等。

5.2 存货的核算原则。存货在取得时,应当按照实际成本入账。实际成本按以下方法确定。

5.2.1 购入的存货：按买价加运输费、装卸费、保险费、包装费、仓储费等费用，以及运输途中的合理损耗、入库前的挑选整理费用和按规定应计入成本的税金以及其他费用，作为实际成本。

5.2.2 自制的存货：按制造过程中的各项实际支出，作为实际成本。

5.2.3 委托外单位加工完成的存货：以实际耗用的原材料或者半成品以及加工费、运输费、装卸费和保险费等费用，以及按规定应计入成本的税金，作为实际成本。

5.2.4 投资者投入的存货：按照投资各方确认的价值，作为实际成本。

5.2.5 接受捐赠的存货，按以下规定确定其实际成本。

（1）捐赠方提供了有关凭据（如发票、报关单、有关协议）的，按凭据上标明的金额加上应支付的相关税费，作为实际成本。

（2）捐赠方没有提供有关凭据的，按如下顺序确定其实际成本。

——同类或类似存货存在活跃市场的，按同类或类似存货的市场价格估计的金额，加上应支付的相关税费作为实际成本。

——同类或类似存货不存在活跃市场的，按所接受捐赠的存货的预计未来现金流量现值，作为实际成本。

5.2.6 企业接受的债务人以非现金资产抵偿债务方式取得的存货，或以应收债权换入存货的，按照应收债权的账面价值减去可抵扣的增值税进项税额后的差额，加上应支付的相关税费，作为实际成本。涉及补价的，按以下规定确定受让存货的实际成本。

（1）收到补价的，按应收债权的账面价值减去可抵扣的增值税进项税额和补价，加上应支付的相关税费，作为实际成本。

（2）支付补价的，按应收债权的账面价值减去可抵扣的增值税进项税额，加上支付的补价和应支付的相关税费，作为实际成本。

5.2.7 以非货币性交易换入的存货，按换出资产的账面价值减去可抵扣的增值税进项税额后的差额，加上应支付的相关税费，作为实际成本。涉及补价的，按以下规定确定换入存货的实际成本。

（1）收到补价的，按换出资产的账面价值减去可抵扣的增值税进项税额后的差额，加上应确认的收益和应支付的相关税费，减去补价后的余额，作为实际成本。

（2）支付补价的，按换出资产的账面价值减去可抵扣的增值税进项税额后的差额，加上应支付的相关税费和补价，作为实际成本。

5.2.8 盘盈的存货：按照同类或类似存货的市场价格，作为实际成本。

5.3 按照计划成本（或售价，下同）进行存货核算的企业，对存货的计划成本和实际成本之间的差异，应当单独核算。

5.4 领用或发出的存货。

5.4.1 按照实际成本核算的，应当采用先进先出法、加权平均法、移动平均法、个别计价法或后进先出法等确定其实际成本。

5.4.2 按照计划成本核算的，应按期结转其应负担的成本差异，将计划成本调整为实际成本。

5.5 存货应当定期盘点。

5.5.1 每年至少盘点一次。盘点结果如果与账面记录不符，应于期末前查明原因，并根据企业的管理权限，经股东大会或董事会，或经理（厂长）会议或类似机构批准后，在期末结账前处理完毕。

5.5.2 盘盈的存货，应冲减当期的管理费用。

5.5.3 盘亏的存货，在减去过失人或者保险公司等赔款和残料价值后，计入当期管理费用。属于非常损失的，计入营业外支出。

5.5.4 盘盈或盘亏的存货，如在期末结账前尚未经批准的，应在对外提供财务会计报告时先按上述规定进行处理，并在会计报表附注中作出说明。

5.5.5 如果其后批准处理的金额与已处理的金额不一致，应按其差额调整会计报表相关项目的年初数。

5.6 企业的存货应当在期末时按成本与可变现净值孰低计量，对可变现净值低于存货成本的差额，计提存货跌价准备。

5.7 在资产负债表中，存货项目按照减去存货跌价准备后的净额反映。

18-03 长期投资核算制度

长期投资核算制度

1 目的

为了规范企业的会计核算，真实、完整地提供会计信息，根据《中华人民共和国会计法》及国家其他有关法律和法规，制定本制度。

2 适用范围

适用于企业对长期投资核算进行管理的相关事宜。

3 企业的会计记账采用借贷记账法

3.1 会计记录的文字应当使用中文。

3.2 在民族自治地方，会计记录可以同时使用当地通用的一种民族文字。

3.3 在中华人民共和国境内的外商投资企业、外国企业和其他外国组织的会计记录，可以同时使用一种外国文字。

4 企业在会计核算时遵循的基本原则

4.1 会计核算应当以实际发生的交易或事项为依据，如实反映企业的财务状况、经营成果和现金流量。

4.2 企业应当按照交易或事项的经济实质进行会计核算，而不应当仅仅按照它们的法律形式作为会计核算的依据。

4.3 企业提供的会计信息应当能够反映企业的财务状况、经营成果和现金流量，以满足会计信息使用者的需要。

4.4 企业的会计核算方法前后各期应当保持一致。

4.4.1 不得随意变更。

4.4.2 如有必要变更，应当将变更的内容和理由、变更的累积影响数，以及累积影响数不能合理确定的理由等，在会计报表附注中予以说明。

4.5 企业的会计核算应当按照规定的会计处理方法进行，会计指标应当口径一致、相互可比。

4.6 企业的会计核算应当及时进行，不得提前或延后。

4.7 企业的会计核算和编制的财务会计报告应当清晰明了，便于理解和利用。

4.8 企业的会计核算应当以权责发生制为基础。

4.8.1 凡是当期已经实现的收入和已经发生或应当负担的费用，不论款项是否收付，都应当作为当期的收入和费用。

4.8.2 凡是不属于当期的收入和费用，即使款项已在当期收付，也不应当作为当期的收入和费用。

4.9 企业在进行会计核算时的要求如下。

4.9.1 收入与其成本、费用应当相互配比。

4.9.2 同一会计期间内的各项收入和与其相关的成本、费用，应当在该会计期间内确认。

4.10 企业的各项财产在取得时的处理规定如下。

4.10.1 应当按照实际成本计量。

4.10.2 各项财产如果发生减值，应当按照本制度规定计提相应的减值准备。

4.10.3 除法律、行政法规和国家统一的会计制度另有规定者外，企业一律不得自行调整其账面价值。

4.11 企业的会计核算应当合理划分收益性支出与资本性支出的界限。

4.11.1 凡支出的效益仅及于本年度（或一个营业周期）的，应当作为收益性支出。

4.11.2 凡支出的效益及于几个会计年度（或几个营业周期）的，应当作为资本性支出。

4.12 企业在进行会计核算时，应当遵循谨慎性原则的要求，不得多计资产或收益，少计负债或费用，但不得计提秘密准备。

4.13 企业的会计核算应当遵循重要性原则的要求。

4.13.1 在会计核算过程中对交易或事项应当区别其重要程度，采用不同的核算方式。

4.13.2 对资产、负债、损益等有较大影响，并进而影响财务会计报告使用者据以作出合理判断的重要会计事项，必须按照规定的会计方法和程序进行处理，并在财务会计报告中予以充分、准确地披露。

4.13.3 对次要的会计事项，在不影响会计信息真实性和不至于误导财务会计报告使用者作出正确判断的前提下，可适当简化处理。

5 长期投资核算管理

5.1 长期投资。是指除短期投资以外的投资，包括持有时间准备超过1年（不含1年）的各种股权性质的投资、不能变现或不准备随时变现的债券、长期债权投资和其他长期投资。

5.2 核算原则。长期投资应当单独进行核算，并在资产负债表中单列项目反映。长期股权投资应当按照以下原则核算。

5.2.1 长期股权投资在取得时应当按照初始投资成本入账。初始投资成本按以下方法确定。

（1）以现金购入的长期股权投资，按实际支付的全部价款（包括支付的税金、手续费等相关费用），作为初始投资成本。

（2）实际支付的价款中包含已宣告但尚未领取的现金股利，按实际支付的价款减去已宣告但尚未领取的现金股利后的差额，作为初始投资成本。

（3）企业接受的债务人以非现金资产抵偿债务方式取得的长期股权投资，或以应收债权换入长期股权投资的，按应收债权的账面价值加上应支付的相关税费，作为初始投资成本。涉及补价的，按以下规定确定受让的长期股权投资的初始投资成本。

——收到补价的，按应收债权的账面价值减去补价，加上应支付的相关税费，作为初始投资成本。

——支付补价的，按应收债权的账面价值加上支付的补价和应支付的相关税费，作为初始投资成本。

（4）以非货币性交易换入的长期股权投资，按换出资产的账面价值加上应支付的相关税费，作为初始投资成本。涉及补价的，应按以下规定确定换入长期股权投资的初始投资成本。

——收到补价的，按换出资产的账面价值加上应确认的收益和应支付的相关税费减去补价后的余额，作为初始投资成本。

——支付补价的，按换出资产的账面价值加上应支付的相关税费和补价，作为初始投资成本。

（5）通过行政划拨方式取得的长期股权投资，按划出单位的账面价值，作为初始投资成本。

5.2.2 企业的长期股权投资核算。

（1）成本法核算。

——企业对被投资单位无控制、无共同控制且无重大影响的，长期股权投资应当采用成本法核算。

——企业对其他单位的投资占该单位有表决权资本总额20%以下，或对其他单位的投资虽占该单位有表决权资本总额20%或20%以上，但不具有重大影响的，应当采用成本法核算。

——除追加投资、将应分得的现金股利或利润转为投资或收回投资外，长期股权投资的账面价值一般应当保持不变，被投资单位宣告分派的利润或现金股利，作为当期投资收益。

——企业确认的投资收益，仅限于所获得的被投资单位在接受投资后产生的累积净利润的分配额，所获得的被投资单位宣告分派的利润或现金股利超过上述数额的部分，作为初始投资成本的收回，冲减投资的账面价值。

（2）权益法核算。

——企业对被投资单位具有控制、共同控制或重大影响的，长期股权投资应当采用权益法核算。

——通常情况下，企业对其他单位的投资占该单位有表决权资本总额20%或20%以上，或虽投资不足20%但具有重大影响的，应当采用权益法核算。

——投资最初以初始投资成本计量，投资企业的初始投资成本与应享有被投资单位所有者权益份额之间的差额，作为股权投资差额处理，按一定期限平均摊销，计入损益。

——股权投资差额的摊销期限，合同规定了投资期限的，按投资期限摊销。

——合同没有规定投资期限的，初始投资成本超过应享有被投资单位所有者权益份额之间的差额，按不超过10年的期限摊销。

——初始投资成本低于应享有被投资单位所有者权益份额之间的差额，按不低于10年的期限摊销。

——企业按被投资单位净损益计算调整投资的账面价值和确认投资损益时，应当以取得被投资单位股权后发生的净损益为基础。

——对被投资单位除净损益以外的所有者权益的其他变动，也应当根据具体情况调整投资的账面价值。

5.2.3 企业因追加投资等原因对长期股权投资的核算从成本法改为权益法，处理规定如下。

（1）应当自实际取得对被投资单位控制、共同控制或对被投资单位实施重大影响时，按股权投资的账面价值作为初始投资成本，初始投资成本与应享有被投资单位所有者权益份额的差额，作为股权投资差额，并按本制度的规定摊销，计入损益。

（2）企业因减少投资等原因对被投资单位不再具有控制、共同控制或重大影响时，应当中止采用权益法核算，改按成本法核算，并按投资的账面价值作为新的投资成本。其后，被投资单位宣告分派利润或现金股利时，属于已记入投资账面价值的部分，作为新的投资成本的收回，冲减投资的账面价值。

5.2.4 企业改变投资目的，将短期投资划转为长期投资，应按短期投资的成本与市价孰低结转，并按此确定的价值作为长期投资初始投资成本。拟处置的长期投资不调整至短期投资，待处置时按处置长期投资进行会计处理。

5.2.5 处置股权投资时，应将投资的账面价值与实际取得价款的差额，作为当期投资损益。

18-04 资产减值核算制度

资产减值核算制度

1 目的

为了规范企业的会计核算，真实、完整地提供会计信息，根据《中华人民共和国会计法》及国家其他有关法律和法规，制定本制度。

2 适用范围

适用于企业对资产减值核算进行管理的相关事宜。

3 企业的会计记账采用借贷记账法

3.1 会计记录的文字应当使用中文。

3.2 在民族自治地方，会计记录可以同时使用当地通用的一种民族文字。

3.3 在中华人民共和国境内的外商投资企业、外国企业和其他外国组织的会计记录，可以同时使用一种外国文字。

4 企业在会计核算时遵循的基本原则

4.1 会计核算应当以实际发生的交易或事项为依据，如实反映企业的财务状况、经营成果和现金流量。

4.2 企业应当按照交易或事项的经济实质进行会计核算，而不应当仅仅按照它们的法律形式作为会计核算的依据。

4.3 企业提供的会计信息应当能够反映企业的财务状况、经营成果和现金流量，以满足会计信息使用者的需要。

4.4 企业的会计核算方法前后各期应当保持一致。

4.4.1 不得随意变更。

4.4.2 如有必要变更，应当将变更的内容和理由、变更的累积影响数，以及累积影响数不能合理确定的理由等，在会计报表附注中予以说明。

4.5 企业的会计核算应当按照规定的会计处理方法进行，会计指标应当口径一致、相互可比。

4.6 企业的会计核算应当及时进行，不得提前或延后。

4.7 企业的会计核算和编制的财务会计报告应当清晰明了，便于理解和利用。

4.8 企业的会计核算应当以权责发生制为基础。

4.8.1 凡是当期已经实现的收入和已经发生或应当负担的费用，不论款项是否收付，都应当作为当期的收入和费用。

4.8.2 凡是不属于当期的收入和费用，即使款项已在当期收付，也不应当作为当期的收入和费用。

4.9 企业在进行会计核算时的要求如下。

4.9.1 收入与其成本、费用应当相互配比。

4.9.2 同一会计期间内的各项收入和与其相关的成本、费用，应当在该会计期间内确认。

4.10 企业的各项财产在取得时的处理规定如下。

4.10.1 应当按照实际成本计量。

4.10.2 各项财产如果发生减值，应当按照本制度规定计提相应的减值准备。

4.10.3 除法律、行政法规和国家统一的会计制度另有规定者外，企业一律不得自行调整其账面价值。

4.11 企业的会计核算应当合理划分收益性支出与资本性支出的界限。

4.11.1 凡支出的效益仅及于本年度（或一个营业周期）的，应当作为收益性支出。

4.11.2 凡支出的效益及于几个会计年度（或几个营业周期）的，应当作为资本性支出。

4.12 企业在进行会计核算时，应当遵循谨慎性原则的要求，不得多计资产或收益，少计负债或费用，但不得计提秘密准备。

4.13 企业的会计核算应当遵循重要性原则的要求。

4.13.1 在会计核算过程中对交易或事项应当区别其重要程度，采用不同的核算方式。

4.13.2 对资产、负债、损益等有较大影响，并进而影响财务会计报告使用者据以作出合理判断的重要会计事项，必须按照规定的会计方法和程序进行处理，并在财务会计报告中予以充分、准确地披露。

4.13.3 对次要的会计事项，在不影响会计信息真实性和不至于误导财务会计报告使用者作出正确判断的前提下，可适当简化处理。

5 资产减值核算管理

5.1 短期投资减值核算。

5.1.1 短期投资应按成本与市价孰低计量，市价低于成本的部分，应当计提短期投资跌价准备。

5.1.2 企业在运用短期投资成本与市价孰低时，可以根据其具体情况，分别采用按投资总体、投资类别或单项投资计提跌价准备。

5.1.3 如果某项短期投资比较重大（如占整个短期投资10%及以上），应按单项投资为基础计算并确定计提的跌价准备。

5.2 委托贷款本金减值核算。

5.2.1 企业应当对委托贷款本金进行定期检查，并按委托贷款本金与可收回金额孰低计量，可收回金额低于委托贷款本金的差额，应当计提减值准备。

5.2.2 在资产负债表上，委托贷款的本金和应收利息减去计提的减值准备后的净额，并入短期投资或长期债权投资项目。

5.3 坏账损失核算。

5.3.1 对预计可能发生的坏账损失，计提坏账准备。企业计提坏账准备的方法由企业自行确定。

5.3.2 企业应当制定计提坏账准备的政策，明确计提坏账准备的范围、提取方法、账龄的划分和提取比例，按照法律、行政法规的规定报有关各方备案，并备置于企业所在地。

5.3.3 坏账准备计提方法一经确定，不得随意变更，如需变更，应当在会计报表附注中予以说明。

5.3.4 在确定坏账准备的计提比例时，企业应当根据以往的经验、债务单位的实际财务状况和现金流量等相关信息予以合理估计。

5.3.5 除有确凿证据表明该项应收款项不能够收回或收回的可能性不大外（如债务单位已撤销、破产、资不抵债、现金流量严重不足、发生严重的自然灾害等导致停产而在短时间内无法偿付债务等，以及3年以上的应收款项），下列各种情况不能全额计提坏账准备。

（1）当年发生的应收款项。

（2）计划对应收款项进行重组。

（3）与关联方发生的应收款项。

（4）其他已逾期，但无确凿证据表明不能收回的应收款项。

5.3.6 企业的预付账款：如有确凿证据表明其不符合预付账款性质，或因供货单位破产、撤销等原因已无望再收到所购货物的，应当将原计入预付账款的金额转入其他应收款，并按规定计提坏账准备。

5.3.7 企业持有的未到期应收票据：如有确凿证据证明不能够收回或收回的可能性不大时，应将其账面余额转入应收账款，并计提相应的坏账准备。

5.4 存货减值核算。

5.4.1 企业应当在期末对存货进行全面清查。

5.4.2 如由于存货毁损、全部或部分陈旧过时或销售价格低于成本等原因，使存货成本高于可变现净值的，应按可变现净值低于存货成本部分，计提存货跌价准备。

5.4.3 存货跌价准备：应按单个存货项目的成本与可变现净值计量。

（1）如果某些存货具有类似用途并与在同一地区生产和销售的产品系列相关，且实际上难以将其与该产品系列的其他项目区别开来进行估价的存货，可以合并计量成本与可变现净值。

（2）对数量繁多、单价较低的存货，可以按存货类别计量成本与可变现净值。当存在以下一项或若干项情况时，应当将存货账面价值全部转入当期损益。

——已霉烂变质的存货。

——已过期且无转让价值的存货。

——生产中已不再需要，并且已无使用价值和转让价值的存货。

——其他足以证明已无使用价值和转让价值的存货。

（3）当存在下列情况之一时，应当计提存货跌价准备。

——市价持续下跌，并且在可预见的未来无回升的希望。

——企业使用该项原材料生产的产品的成本大于产品的销售价格。

——企业因产品更新换代，原有库存原材料已不适应新产品的需要，而该原材料的市场价格又低于其账面成本。

——因企业所提供的商品或劳务过时或消费者偏好改变而使市场的需求发生变化，导致市场价格逐渐下跌。

——其他足以证明该项存货实质上已经发生减值的情形。

5.5 长期投资减值核算。

5.5.1 对有市价的长期投资，可以根据下列迹象判断是否应当计提减值准备。

（1）市价持续2年低于账面价值。

（2）该项投资暂停交易1年或1年以上。

（3）被投资单位当年发生严重亏损。

（4）被投资单位持续2年发生亏损。

（5）被投资单位进行清理整顿、清算或出现其他不能持续经营的迹象。

5.5.2 对无市价的长期投资，可以根据下列迹象判断是否应当计提减值准备。

（1）影响被投资单位经营的政治或法律环境的变化，如税收、贸易等法规的颁布或修订，可能导致被投资单位出现巨额亏损。

（2）被投资单位所供应的商品或提供的劳务因产品过时，或消费者偏好改变而使市场的需求发生变化，从而导致被投资单位财务状况发生严重恶化。

（3）被投资单位所在行业的生产技术等发生重大变化，被投资单位已失去竞争能力，从而导致财务状况发生严重恶化，如进行清理整顿、清算等。

（4）有证据表明该项投资实质上已经不能再给企业带来经济利益的其他情形。

18-05　负债核算制度

负债核算制度

1　目的

为了规范企业的会计核算，真实、完整地提供会计信息，根据《中华人民共和国会计法》及国家其他有关法律和法规，制定本制度。

2　适用范围

适用于企业对负债核算进行管理的相关事宜。

3　流动负债核算

3.1　流动负债。是指将在1年（含1年）或者超过1年的一个营业周期内偿还的债务，包括短期借款、应付票据、应付账款、预收账款、应付工资、应付福利费、应付股利、应交税金、其他暂收应付款项、预提费用和一年内到期的长期借款等。

3.2　各项流动负债，应按实际发生额入账。

3.3　短期借款、带息应付票据、短期应付债券应当按照借款本金或债券面值，按照确定的利率按期计提利息，计入损益。

3.4　企业与债权人进行债务重组时，应按以下规定处理。

3.4.1　以现金清偿债务的，支付的现金小于应付债务账面价值的差额，计入资本公积。

3.4.2　以非现金资产清偿债务的，应按应付债务的账面价值结转。应付债务的账面价值与用于抵偿债务的非现金资产账面价值的差额，作为资本公积，或作为损失计入当期营业外支出。

3.4.3　以债务转为资本的，应当分别以下情况处理。

（1）股份有限公司：应按债权人放弃债权而享有股份的面值总额作为股本，按应付债务账面价值与转作股本的金额的差额，作为资本公积。

（2）其他企业：应按债权人放弃债权而享有的股权份额作为实收资本，按债务账面价值与转作实收资本的金额的差额，作为资本公积。

3.5　以修改其他债务条件进行债务重组的按以下规定处理。

3.5.1　修改其他债务条件后未来应付金额小于债务重组前应付债务账面价值的，应将其差额计入资本公积。

3.5.2　如果修改后的债务条款涉及或有支出的，应将或有支出包括在未来应付金额中，含或有支出的未来应付金额小于债务重组前应付债务账面价值的，应将其差额计入资本公积。

3.5.3　在未来偿还债务期间内未满足债务重组协议所规定的或有支出条件，即或有支出没有发生的，其已记录的或有支出转入资本公积。

3.5.4 修改其他债务条件后未来应付金额等于或大于债务重组前应付债务账面价值的，在债务重组时不作账务处理。

3.5.5 修改债务条件后的应付债务，应按本制度规定的一般应付债务进行会计处理。

4 长期负债

4.1 长期负债。长期负债是指偿还期在1年或者超过1年的一个营业周期以上的负债，包括长期借款、应付债券、长期应付款等。

4.2 各项长期负债的核算。各项长期负债应当分别进行核算，并在资产负债表中分列项目反映。将于1年内到期偿还的长期负债，在资产负债表中应当作为一项流动负债，单独反映。

4.3 长期负债应当以实际发生额入账。

4.3.1 长期负债应当按照负债本金或债券面值，按照规定的利率按期计提利息，并按本制度的规定，分别计入工程成本或当期财务费用。

4.3.2 按照纳税影响会计法核算所得税的企业，因时间性差异所产生的应纳税或可抵减时间性差异的所得税影响，单独核算，作为对当期所得税费用的调整。

4.4 发行债券的企业。

4.4.1 应当按照实际的发行价格总额，作负债处理。

4.4.2 债券发行价格总额与债券面值总额的差额，作为债券溢价或折价。

4.4.3 在债券的存续期间内按实际利率法或直线法于计提利息时摊销，并按借款费用的处理原则处理。

4.5 发行可转换公司债券的企业。

4.5.1 可转换公司债券在发行以及转换为股份之前，应按一般公司债券进行处理。

4.5.2 当可转换公司债券持有人行使转换权利，将其持有的债券转换为股份或资本时，应按其账面价值结转。

4.5.3 可转换公司债券账面价值与可转换股份面值的差额，减去支付的现金后的余额，作为资本公积处理。

4.5.4 企业发行附有赎回选择权的可转换公司债券，其在赎回日可能支付的利息补偿金，应当在债券发行日至债券约定赎回届满日期间计提应付利息，计提的应付利息，按借款费用的处理原则处理。

4.6 融资租入的固定资产负债核算。

4.6.1 应在租赁开始日按租赁资产的原账面价值与最低租赁付款额的现值两者较低者，作为融资租入固定资产的入账价值，按最低租赁付款额作为长期应付款的入账价值，并将两者的差额，作为未确认融资费用。

4.6.2 如果融资租赁资产占企业资产总额的比例等于或低于30%的，应在租赁开始日按最低租赁付款额，作为融资租赁固定资产和长期应付款的入账价值。

4.7 企业收到的专项拨款负债核算。

4.7.1 企业收到的专项拨款作为专项应付款处理。

4.7.2 待拨款项目完成后按以下规定处理。

（1）属于应核销的部分，冲减专项应付款。

（2）其余部分转入资本公积。

4.8 企业所发生的借款费用。

4.8.1 是指因借款而发生的利息、折价或溢价的摊销和辅助费用，以及因外币借款而发生的汇兑差额。因借款而发生的辅助费用包括手续费等。

4.8.2 除为购建固定资产的专门借款所发生的借款费用外，其他借款费用均应于发生当期确认为费用，直接计入当期财务费用。为购建固定资产的专门借款所发生的借款费用，按以下规定处理。

（1）因借款而发生的辅助费用的处理，规定如下。

——企业发行债券筹集资金专项用于购建固定资产的，在所购建的固定资产达到预定可使用状态前，将发生金额较大的发行费用（减去发行期间冻结资金产生的利息收入），直接计入所购建的固定资产成本。

——将发生金额较小的发行费用（减去发行期间冻结资金产生的利息收入），直接计入当期财务费用。

——向银行借款而发生的手续费，按上述同一原则处理。

（2）因安排专门借款而发生的除发行费用和银行借款手续费以外的辅助费用，如果金额较大的，按以下规定处理。

——属于在所购建固定资产达到预定可使用状态之前发生的，应当在发生时计入所购建固定资产的成本。

——在所购建固定资产达到预定可使用状态后发生的，直接计入当期财务费用。

——对于金额较小的辅助费用，也可以于发生当期直接计入财务费用。

4.8.3 借款利息、折价或溢价的摊销，及汇兑差额的处理，规定如下。

（1）当同时满足以下三个条件时，企业为购建某项固定资产而借入的专门借款所发生的利息、折价或溢价的摊销、汇兑差额应当开始资本化，计入所购建固定资产的成本。

——资产支出（只包括为购建固定资产而以支付现金、转移非现金资产或者承担带息债务形式发生的支出）已经发生。

——借款费用已经发生。

——为使资产达到预定可使用状态所必要的购建活动已经开始。

（2）企业为购建固定资产而借入的专门借款所发生的借款利息、折价或溢价的摊销、汇兑差额，满足上述资本化条件的，按以下规定处理。

——在所购建的固定资产达到预定可使用状态前所发生的，应当予以资本化，计入所购建固定资产的成本。

——在所购建的固定资产达到预定可使用状态后所发生的,应于发生当期直接计入当期财务费用。

4.8.4 每一会计期间利息资本化金额的计算公式如下。

(1)每一会计期间利息的资本化金额:

每一会计期间利息的资本化金额=至当期末止购建固定资产累计支出加权平均数×资本化率

(2)累计支出加权平均数:

累计支出加权平均数=Σ(每笔资产支出金额×每笔资产支出实际占用的天数÷会计期间涵盖的天数)

为简化计算,也可以月数作为计算累计支出加权平均数的权数。

(3)加权平均利率。资本化率的确定原则如下。

——企业为购建固定资产只借入一笔专门借款,资本化率为该项借款的利率。

——企业为购建固定资产借入一笔以上的专门借款,资本化率为这些借款的加权平均利率。

——加权平均利率的计算公式如下:

加权平均利率=专门借款当期实际发生的利息之和÷专门借款本金加权平均数×100%

专门借款本金加权平均数=Σ(每笔专门借款本金×每笔专门借款实际占用的天数÷会计期间涵盖的天数)

为简化计算,也可以月数作为计算专门借款本金加权平均数的权数。

——在计算资本化率时,如果企业发行债券发生债券折价或溢价的,应当将每期应摊销的折价或溢价金额,作为利息的调整额,对资本化率作相应调整,其加权平均利率的计算公式如下:

加权平均利率=专门借款当期实际发生的利息之和+(或–)折价(或溢价)摊销额÷专门借款本金加权平均数×100%

18-06 公司收入核算制度

公司收入核算制度

1 目的

为了规范企业的会计核算,真实、完整地提供会计信息,根据《中华人民共和国会计法》及国家其他有关法律和法规，制定本制度。

2　适用范围

适用于企业对收入核算进行管理的相关事宜。

3　收入核算管理

3.1　收入

是指企业在销售商品、提供劳务及让渡资产使用权等日常活动中所形成的经济利益的总流入，包括主营业务收入和其他业务收入。收入不包括为第三方或者客户代收的款项。

3.2　销售商品及提供劳务收入

3.2.1　销售商品的收入，应当在下列条件均能满足时予以确认。

（1）企业已将商品所有权上的主要风险和报酬转移给购货方。

（2）企业既没有保留通常与所有权相联系的继续管理权，也没有对已售出的商品实施控制。

（3）与交易相关的经济利益能够流入企业。

（4）相关的收入和成本能够可靠地计量。

3.2.2　销售商品的收入，应按企业与购货方签订的合同或协议金额或双方接受的金额确定。现金折扣在实际发生时作为当期费用；销售折让在实际发生时冲减当期收入。

3.2.3　企业已经确认收入的售出商品发生销售退回的，应当冲减退回当期的收入。

3.2.4　年度资产负债表日及以前售出的商品，在资产负债表日至财务会计报告批准报出日之间发生退回的，应当作为资产负债表日后调整事项处理，调整资产负债表日编制的会计报表有关收入、费用、资产、负债、所有者权益等项目的数字。

3.2.5　在同一会计年度内开始并完成的劳务，按以下规定处理。

（1）应当在完成劳务时确认收入。

（2）如劳务的开始和完成分属不同的会计年度，在提供劳务交易的结果能够可靠估计的情况下，企业应当在资产负债表日按完工百分比法确认相关的劳务收入。

（3）当以下条件均能满足时，劳务交易的结果能够可靠地估计。

——劳务总收入和总成本能够可靠地计量。

——与交易相关的经济利益能够流入企业。

——劳务的完成程度能够可靠地确定。

（4）劳务的完成程度应按下列方法确定。

——已完工作的测量。

——已经提供的劳务占应提供劳务总量的比例。

——已经发生的成本占估计总成本的比例。

3.2.6　在提供劳务交易的结果不能可靠估计的情况下，企业应当在资产负债表日对收入分别以下情况予以确认和计量。

（1）如果已经发生的劳务成本预计能够得到补偿，应按已经发生的劳务成本金额确认收入，并按相同金额结转成本。

（2）如果已经发生的劳务成本预计不能全部得到补偿时，按以下规定处理。

——应按能够得到补偿的劳务成本金额确认收入，并按已经发生的劳务成本，作为当期费用。

——确认的金额小于已经发生的劳务成本的差额，作为当期损失。

（3）如果已经发生的劳务成本全部不能得到补偿，应按已经发生的劳务成本作为当期费用，不确认收入。

3.2.7 提供劳务的总收入，应按企业与接受劳务方签订的合同或协议的金额确定，现金折扣应当在实际发生时作为当期费用。

3.2.8 让渡资产使用权而发生的收入，按以下规定处理。

（1）利息和使用费收入。应当在以下条件均能满足时予以确认。

——与交易相关的经济利益能够流入企业。

——收入的金额能够可靠地计量。

（2）利息和使用费收入。应按下列方法分别予以计量。

——利息收入，应按让渡现金使用权的时间和适用利率计算确定。

——使用费收入，应按有关合同或协议规定的收费时间和方法计算确定。

3.3 建造合同收入

3.3.1 建造合同。是指为建造一项资产或者在设计、技术、功能、最终用途等方面密切相关的数项资产而订立的合同。

（1）固定造价合同。是指按照固定的合同价或固订单价确定工程价款的建造合同。

（2）成本加成合同。是指以合同允许或其他方式议定的成本为基础，加上该成本的一定比例或定额费用确定工程价款的建造合同。

3.3.2 建造工程合同收入，包括合同中规定的初始收入和因合同变更、索赔、奖励等形成的收入。

（1）合同变更。

——是指客户为改变合同规定的作业内容而提出的调整。

——因合同变更而增加的收入，应当在客户能够认可因变更而增加的收入，并且收入能够可靠地计量时予以确认。

（2）索赔款。

——是指因客户或第三方的原因造成的，由建造承包商向客户或第三方收取的，用以补偿不包括在合同造价中的成本的款项。

——企业只有在预计对方能够同意这项索赔（根据谈判情况判断），并且对方同意接受的金额能够可靠计量的情况下，才能将因索赔款而形成的收入予以确认。

（3）奖励款。

——是指工程达到或超过规定的标准时，客户同意支付给建造承包商的额外款项。

——企业应当根据目前合同完成情况，足以判断工程进度和工程质量能够达到或超过既定的标准，并且奖励金额能够可靠地计量时，才能将因奖励而形成的收入予以确认。

3.3.3 建造承包商建造工程合同成本，应当包括从合同签订开始至合同完成止所发生的，与执行合同有关的直接费用和间接费用。

（1）直接费用。

——包括耗用的人工费用、耗用的材料费用、耗用的机械使用费和与设计有关的技术援助费用、施工现场材料的二次搬运费、生产工具和用具使用费、检验试验费、工程定位复测费、工程点交费用、场地清理费用等其他直接费用。

——直接费用在发生时应当直接计入合同成本，间接费用应当在期末按照系统、合理的方法分摊计入合同成本。

——与合同有关的零星收益，如合同完成后处置残余物资取得的收益，应当冲减合同成本。

（2）间接费用。

——是企业下属的施工单位或生产单位为组织和管理施工生产活动所发生的费用。

——包括临时设施摊销费用和施工、生产单位管理人员工资、奖金、职工福利费、劳动保护费、固定资产折旧费及修理费、物料消耗、低值易耗品摊销、取暖费、水电费、办公费、差旅费，以及财产保险费、工程保修费、排污费等。

3.3.4 建造承包商建造工程合同收入及费用应按以下原则确认和计量。

（1）如果建造合同的结果能够可靠地估计，企业应当根据完工百分比法在资产负债表日确认合同收入和费用。

——固定造价合同的结果能够可靠估计，是指同时具备以下4项条件：合同总收入能够可靠地计量；与合同相关的经济利益能够流入企业；资产负债表日合同完工进度和为完成合同尚需发生的成本能够可靠地确定；为完成合同已经发生的合同成本能够清楚地区分和可靠地计量，以便实际合同成本能够与以前的预计成本相比较。

——成本加成合同的结果能够可靠估计，是指同时具备以下2项条件：与合同相关的经济利益能够流入企业；实际发生的合同成本能够清楚地区分并且能够可靠地计量。

（2）当期完成的建造合同，应按实际合同总收入减去以前会计年度累计已确认的收入后的余额，作为当期收入；按累计实际发生的合同成本减去以前会计年度累计已确认的费用后的余额，作为当期费用。

（3）如果建造合同的结果不能可靠地估计，应当区别以下情况处理：合同成本能够收回的，合同收入根据能够收回的实际合同成本加以确认，合同成本在其发生的当期作为费用；合同成本不可能收回的，应当在发生时立即作为费用，不确认收入。

（4）在一个会计年度内完成的建造合同，应当在完成时确认合同收入和合同费用。

（5）如果合同预计总成本将超过合同预计总收入，应当将预计损失立即作为当期费用。

3.3.5 合同完工进度，按以下规定处理。

（1）可以按累计实际发生的合同成本占合同预计总成本的比例、已经完成的合同工作量占合同预计总工作量的比例、已完合同工作的测量等方法确定。

（2）采用累计实际发生的合同成本占合同预计总成本的比例确定合同完工进度时，累计实际发生的合同成本如下。

——与合同未来活动相关的合同成本。

——在分包工程总工作量完成之前预付给分包单位的款项。

3.3.6 房地产开发企业自行开发商品房对外销售收入的确定，按以下规定处理。

（1）按照销售商品收入的确认原则执行。

（2）如果符合建造合同的条件，并且有不可撤销的建造合同的情况下，也可按照建造合同收入确认的原则，按照完工百分比法确认房地产开发业务的收入。

3.3.7 企业的收入，应当按照重要性原则，在利润表中反映。

18-07 非货币性交易、外币业务核算制度

非货币性交易、外币业务核算制度

1 目的

为了规范企业的会计核算，真实、完整地提供会计信息，根据《中华人民共和国会计法》及国家其他有关法律和法规，制定本制度。

2 适用范围

适用于企业对非货币性交易、外币业务核算进行管理的相关事宜。

3 非货币性交易核算

3.1 非货币性交易

是指交易双方以非货币性资产进行的交换（包括股权换股权，但不包括企业合并中所涉及的非货币性交易）。这种交换不涉及或只涉及少量的货币性资产。

3.1.1 货币性资产。是指持有的现金及将以固定或可确定金额的货币收取的资产，包括现金、应收账款和应收票据以及准备持有至到期的债券投资等。

3.1.2 非货币性资产。是指货币性资产以外的资产，包括存货、固定资产、无形资产、股权投资以及不准备持有至到期的债券投资等。

3.1.3 在确定涉及补价的交易是否为非倾向性交易时，按以下规定处理。

（1）收到补价的企业，应当按照收到的补价占换出资产公允价值的比例，等于或低于25%确定。

（2）支付补价的企业，应当按照支付的补价占换出资产公允价值加上支付的补价之和的比例，等于或低于25%确定。其计算公式如下。

收到补价的企业：收到的补价÷换出资产公允价值≤25%。

支付补价的企业：支付的补价÷（支付的补价+换出资产公允价值）≤25%。

3.2 在进行非货币性交易的核算时，按以下规定处理

3.2.1 无论是一项资产换入一项资产，或一项资产同时换入多项资产，或同时以多项资产换入一项资产，或以多项资产换入多项资产，均按换出资产的账面价值加上应支付的相关税费，作为换入资产入账价值。

3.2.2 如果涉及补价、支付补价的企业，应当以换出资产账面价值加上补价和应支付的相关税费，作为换入资产入账价值。

3.2.3 收到补价的企业，按以下规定处理。

（1）应当以换出资产账面价值减去补价，加上应确认的收益和应支付的相关税费，作为换入资产入账价值。换出资产应确认的收益按下列公式计算确定：

$$应确认的收益=(1-换出资产账面价值÷换出资产公允价值)×补价$$

（2）公允价值，是指在公平交易中，熟悉情况的交易双方，自愿进行资产交换或债务清偿的金额。

（3）上述换入的资产如为存货的，按上述规定确定的入账价值，还应减去可抵扣的增值税进项税额。

3.3 在非货币性交易中

如果同时换入多项资产，应当按照换入各项资产的公允价值与换入资产公允价值总额的比例，对换出资产的账面价值总额进行分配，以确定各项换入资产的入账价值。

3.4 在资产交换中

如果换入的资产中涉及应收款项的，应当分别以下情况处理。

3.4.1 以一项资产换入的应收款项，或多项资产换入的应收款项，按以下规定处理。

（1）应当按照换出资产的账面价值作为换入应收款项的入账价值。

（2）如果换入的应收款项的原账面价值大于换出资产的账面价值的，应当按照

换入应收款项的原账面价值作为换入应收款项的入账价值，换入应收款项的入账价值大于换出资产账面价值的差额，作为坏账准备。

3.4.2 企业以一项资产同时换入应收款项和其他多项资产，或以多项资产换入应收款项和其他多项资产的，按以下规定处理。

（1）应当按照换入应收款项的原账面价值作为换入应收款项的入账价值，换入除应收款项外的各项其他资产的入账价值，按照各项其他资产的公允价值与换入的其他资产的公允价值总额的比例，对换出全部资产的账面价值总额加上应支付的相关税费（如果涉及补价，还应当减去补价加上应确认的收益，或加上补价），减去换入的应收款项入账价值后的余额进行分配，并按分配价值作为其换入的各项其他资产的入账价值。

（2）涉及补价的，按以下规定处理。

——如收到的补价小于换出应收款项账面价值的，应将收到的补价先冲减换出应收款项的账面价值后，再按上述原则进行处理。

——如收到的补价大于换出应收款项账面价值的，应将收到的补价首先冲减换出应收款项的账面价值，再按非货币性交易的原则进行处理。

4 外币业务核算

4.1 外币业务

是指以记账本位币以外的货币进行的款项收付、往来结算等业务。

4.2 企业在核算外币业务时

应当设置相应的外币账户，应当与非外币的各该相同账户分别设置，并分别核算。外币账户如下。

4.2.1 外币现金、外币银行存款，和以外币结算的债权，如应收票据、应收账款、预付账款等。

4.2.2 债务，如短期借款、应付票据、应付账款、预收账款、应付工资、长期借款等。

4.3 企业发生外币业务时

4.3.1 应当将有关外币金额折合为记账本位币金额记账。

4.3.2 除另有规定外，所有与外币业务有关的账户，应当采用业务发生时的汇率，也可以采用业务发生当期期初的汇率折合。

4.3.3 如无法直接采用中国人民银行公布的人民币对美元、日元、港币等的基准汇率作为折算汇率时，应当按照下列方法进行折算。

（1）美元、日元、港币等以外的其他货币对人民币的汇率，根据美元对人民币的基准汇率和国家外汇管理局提供的纽约外汇市场美元对其他主要外币的汇率进行套算，按照套算后的汇率作为折算汇率。

（2）美元对人民币以外的其他货币的汇率，直接采用国家外汇管理局提供的纽约外汇市场美元对其他主要货币的汇率。

（3）美元、人民币以外的其他货币之间的汇率，按国家外汇管理局提供的纽约外汇市场美元对其他主要外币的汇率进行套算，按套算后的汇率作为折算汇率。

4.4 各种外币账户的外币金额

4.4.1 期末时，应当按照期末汇率折合为记账本位币。

4.4.2 按照期末汇率折合的记账本位币金额与账面记账本位币金额之间的差额，作为汇兑损益，计入当期损益。

（1）属于筹建期间的，计入长期待摊费用。

（2）属于与购建固定资产有关的借款产生的汇兑损益，按照借款费用资本化的原则进行处理。

Part 3 财务管理表格

第19章 投资管理表格

19-01 企业年度投资计划表

企业年度投资计划表

编号：　　　　　　　　　　　　　　　　　　　　　日期：　年　月　日

投资项目名称	投资原因	投资金额	预计收益	备注
项目一				
项目二				
项目三				
项目四				
项目五				
……				
合计				
填表人		审核人	审核日期	

19-02 投资绩效预测表

投资绩效预测表

投资项目名称	投资种类				预计投资金额	已支付金额	估计收益情况			
	产品	产量	财务	其他			金额	收益期间	回收期	收益率/%

19-03 长期股权投资明细表

长期股权投资明细表

被投资单位名称	持股比例	投资时间	投资方式	初始投资成本	期初余额	本期增加	本期减少	期末余额	核算方法	投资文件索引号	备注
合计											

19-04 持有至到期投资测算表

持有至到期投资测算表

项目名称	面值①	到期日	票面利率②	实际利率③	年初摊余成本④	测算数			账面数		差异		差异原因
						投资收益⑤=④×③	应收（计）利息⑥=①×②	年末摊余成本⑦=④+⑤-⑥	应收（计）利息⑧	投资收益⑨	应收（计）利息⑩=⑧-⑥	投资收益⑪=⑨-⑤	

19-05　交易性金融资产监盘表

交易性金融资产监盘表

盘点日实存交易性金融资产					资产负债日至盘点日增加（减少）		资产负债日实存交易性金融资产					账面结存交易性金融资产			差异	备注
项目名称	数量	面值	总计	票面利率	到期日	数量	面值	数量	面值	总计	票面利率	到期日	数量	面值	总计		

19-06　投资收益分析表

投资收益分析表

编号：　　　　　　　　　　　　　　　　　　　　　　　日期：　年　月　日

投资编号	投资名称	回收期间	投资金额		收回金额		回收率		收益率		备注
			计划	实际	预计	实际	预计	实际	预计	实际	

19-07　长期投资月报表

长期投资月报表

编号：　　　　　　　　　　　　　　　　　　　　　日期：　年　月　日

项目		期初余额	本期增加	本期减少	期末余额	备注
长期股权投资						
	小计					
长期债券投资						
	小计					
其他投资						
	小计					
合计						

19-08　短期投资月报表

短期投资月报表

编号：　　　　　　　　　　　　　　　　　　　　　日期：　年　月　日

项目		期初余额	本期增加	本期减少	期末余额	备注
股权投资						
	小计					
债券投资						
	小计					
其他投资						
	小计					
合计						

19-09　重要投资方案绩效核计表

重要投资方案绩效核计表

投资编号	投资名称	收回期间	估计投资金额	预计应回收金额	实际已回收金额	预计回收率		预计收益率		备注
						预计	修正	预计	修正	

19-10　投资方案的营业现金流量计算表

投资方案的营业现金流量计算表

项目	投资年度				
	1	2	3	4	5
A方案： 销售收入 付现成本 折旧 税前利润 所得税 税后利润 营业现金流量					
B方案： 销售收入 付现成本 折旧 税前利润 所得税 税后利润 营业现金流量					

19-11 投资收益明细表

投资收益明细表

编制部门：　　　　　　　　　　　　　　　　　　　　　　　　　单位：元

项目	行号	上年实际	本年实际
1.投资收入 （1）债券投资收入 （2）股票投资收入 （3）其他投资收入	1 2 3 4		
投资收入合计	5		
2.投资损失 （1）债券投资损失 （2）股票投资损失 （3）其他投资损失	6 7 8 9		
投资损失合计	10		
投资净收入（净损失以"-"表示）	11		

第20章　筹资管理表格

20-01　筹资需求分析表

筹资需求分析表

时间：　年　月　日

项目	上年期末实际/元	占销售额的比例	本年计划/元
资产			
流动资产			
长期资产			
资产合计			
负债及所有者权益			
短期借款			
应付票据			
预提费用			
长期负债			
负债合计			
实收资本			
资本公积			
留存收益			
股东权益			
融资需求			
总计			

20-02　企业借款申请书

企业借款申请书

日期：　年　月　日

企业名称		开户银行和账号	
年、季度借款计划		已借金额	
申请借款金额		借款用途	
借款种类		借款期限	
借款原因			
还款计划			
主管部门意见	（盖章）		借款单位公司章 法人代表章
银行审查意见	批准金额（大写）		批准期限	
	法人代表章		经办人章	
			日期：　年　月　日	

20-03　长期借款明细表

长期借款明细表

年　月　日　　　　　　　　　　　　　　　　　　　　　　　　　单位：万元

借款单位	金　额				利率/%	借入时间	期限	还本付息方式	下年需还
	年初数		年末数						
	本金	利息	本金	利息					
合计									

20-04　短期借款明细表

短期借款明细表

年　月　日　　　　　　　　　　　　　　　　　　　　　　　　　　　　　单位：万元

贷款银行	贷款种类	借入时间	金额				利率/%	已用额度	可用额度	期限	还款方式	备注
			年初数		年末数							
			本金	利息	本金	利息						

20-05　借款余额月报表

借款余额月报表

时间：　年　月　日　　　　　　　　　　　　　　　　　　　　　　　　　部门：

借款数	长期借款	短期借款				贴现票据	合计
		短期借款	营业额抵押借款	存款抵押	合计		

20-06　企业融资成本分析表

企业融资成本分析表

单位：元

对比分析期项目	年	年	差值
主权融资（所有者权益）			
负债融资			
融资总额			
息税前利润			
减：利息等负债融资成本			
税前利润			
减：所得税税后利润			
减：应交特种基金			
提取盈余公积金			
本年实际可分配利润			
本年资本（股本）利润率			
本年负债融资成本率			

20-07　实收资本（股本）明细表

实收资本（股本）明细表

股东名称	期初余额		本期增加		本期减少		期末余额	
	外币	人民币	外币	人民币	外币	人民币	外币	人民币
合计								

第21章 预算管理表格

21-01 营业费用预算表

营业费用预算表

编制单位：　　　　　　　　　　　　　　　　　　　　　　　　　　　单位：万元

序号	费用项目	一季度	二季度	三季度	四季度	本年预算数	上年实际（或预计数）	同比±%
一	可控费用							
1	展览费							
2	代销手续费							
3	广告费							
4	业务费用							
5	差旅费用							
6	其他费用							
	小计							
二	不可控费用							
1	工资							
2	福利费							
3	运输费							
4	装卸费							
5	包装费							
6	保险费							
7	其他							
	小计							
	合计							

注：此表要进一步细化至各营销部门。

21-02　主营业务收入预算明细表

主营业务收入预算明细表

编制单位：　　　　　　　　　　　　　　　　　　　　　　　　　　单位：万元

序号	品种规格	计量单位	含税单价①	含税单价②	含税单价③	销售收入④=②×③	应回笼资金数⑤=①×③	上年实际（预计）销售收入⑥	同比增长__%=（④-⑥）÷⑥

21-03　主营业务收入季度预算表

主营业务收入季度预算表

编制单位：　　　　　　　　　　　　　　　　　　　　　　　　　　单位：万元

序号	品种规格	计量单位	一季度		……		四季度		合计	
			数量	收入	数量	收入	数量	收入	数量	收入

21-04 销售资金回收预算表

销售资金回收预算表

编制单位：　　　　　　　　　　　　　　　　　　　　　　　　单位：万元

序号	项目	上年实际	本年预算	一季度	二季度	三季度	四季度
1	上年（季）应收账款余额						
2	本年（季）应收账款借方发生额						
3	年（季）销售资金回收预算						
	其中：现金						
	票据						
	易货						
	其他						
4	年（季）应收账款余额						
5	预计坏账损失						

21-05 陈欠账款（含呆死账）回收预算表

陈欠账款（含呆死账）回收预算表

编制单位：　　　　　　　　　　　　　　　　　　　　　　　　单位：万元

序号	客户名称	上年年末余额（预计）	本年预算回收金额	预订呆死账	清收措施	责任人	实施时间	备注
	合计							

21-06 生产费用及成本预算表

生产费用及成本预算表

编制单位：

序号	预算项目	一季度	二季度	三季度	四季度	本年预算	上年实际（或预计数）	同比±%
一	直接材料							
二	直接人工费用							
	其中：工资							
	员工福利费							
三	燃料动力							
四	制造费用							
1	工资							
2	福利费							
3	折旧费							
4	差旅费							
5	保险费							
6	邮电费							
7	办公费							
8	修理费							
9	大修理费							
10	水费							
11	机物料消费							
12	低值易耗品摊销							
13	劳保费							
	其中：劳保用品							
	冷饮及营养费							
14	车间运输费							
15	劳务工费用							
16	残料回收							
17	残品损失							
18	零星开支							
19	模具专项费用							
20	试验检验费							
21	设计制图费							
22	其他							
	合计							

21-07 产品成本预算表

产品成本预算表

编制单位：

序号	品种规格	全年销售数量①	成本明细				单位成本⑥=②+③+④+⑤	成本总额⑦=①×⑥	上年单位成本（或预计）⑧	同比±%⑨=(⑦-⑧)÷⑧
			直接材料②	费用						
				燃料动力③	人工④	制造费用⑤				

21-08 采购资金支出预算表

采购资金支出预算表

编制单位：　　　　　　　　　　　　　　　　　　　　　　　　　　　　　　单位：万元

序号	项目	上年实际（或预计）	本年预算	一季度	二季度	三季度	四季度
1	上年（季）结欠客户应付款						
2	本年（季）采购总额						
3	本年（季）采购资金支出预算						
	其中：易货						
	现汇						
	票据						
	其他						
4	年（季）终结欠客户应付款						

注：1.上年（季）结欠应付款指应付账款贷方余额与预付账款贷方余额之和。

2.本年（季）采购总额为采购预算数量×采购单位单价（含税）。

21-09 管理费用预算表

管理费用预算表

编制单位：　　　　　　　　　　　　　　　　　　　　　　　　　单位：万元

序号	费用项目	一季度	二季度	三季度	四季度	本年预算	上年实际（或预计）	同比±%
一	可控费用							
1	旅差费							
2	办公费							
3	修理费							
4	物料消耗							
5	低值易耗品							
6	研究开发费							
7	技术转让费							
8	开办费							
9	咨询费							
10	审计费							
11	租赁费							
12	中介机构费							
13	诉讼费							
14	水电费							
15	邮电费							
16	业务招待费							
17	存货跌价准备							
18	坏账损失							
19	存货盘亏报废							
20	其他管理费用							
	小计							
二	不可控费用							
1	工资							
2	员工福利费							
3	工会经费							
4	员工教育经费							
5	折旧费							

续表

序号	费用项目	一季度	二季度	三季度	四季度	本年预算	上年实际（或预计）	同比±%
6	劳动保险费							
7	其中：退休金							
	退职金							
	离退休人员各项经费							
8	计入管理费用四小税							
	其中：房产税							
	车船使用税							
	土地使用税							
	印花税							
9	无形资产摊销							
10	长期费用摊销							
11	住房公积金							
12	排污费							
13	绿化费							
	小计							
	合计							

注：此表要细化至各部门预算。

21-10 财务费用季度预算

财务费用季度预算

编制单位：　　　　　　　　　　　　　　　　　　　　　　　　　　　单位：万元

序号	贷款行	本金	贷款日期	还款日期	月利率/%	利息支出				利息合计	上年利息总额（预计）	备注
						一季度	二季度	三季度	四季度			

注：按长短期借款分别填写，单位开出的应付票据（银行承兑汇票）也分项填列。

21-11 营业外支出预算表

营业外支出预算表

编制单位： 单位：万元

序号	项目	一季度	二季度	三季度	四季度	本年预算数	上年实际（预计）数	同比±%

21-12 固定资产支出预算表

固定资产支出预算表

编制单位： 单位：万元

序号	预算项目	数量	项目预计总投资	累计已支出数	本年支出预算	预计结欠项目数	备注

21-13 筹资预算表

筹资预算表

编制单位： 单位：万元

序号	贷款行	上年贷款余额	本年增加贷款					本年减少贷款					年末贷款余额	贷款日期	还款日期	月利率/%	利息合计/元	备注
			一季度	二季度	三季度	四季度	小计	一季度	二季度	三季度	四季度	小计						

注：长、短期借款及单位开出的应付票据分项填列。

21-14　利息支出预算表

利息支出预算表

序号	贷款行	贷款金额	贷款日期	还款日期	月利率	利息支出					利息资本化金额	备注
						一季度	二季度	三季度	四季度	小计		

注：长、短期借款及单位开出的应付票据分项填列。

21-15　现金预算表

现金预算表

序号	预算项目	本年预算					备注
		合计数	一季度	二季度	三季度	四季度	
一	年初现金余额						
二	本年现金收入						
1	主营业务收入						
2	其他业务收入						
3	收回陈欠往来款						
4	银行借款（新增）						
5	现金分回投资收益						
6	收回所属企业折旧						
7	收回内部借款本金						
8	收回内部借款利息						
9	收取固定资产租金						
10	收回投资						
11	其他收入（财务费用）						

续表

序号	预算项目	本年预算					备注
		合计数	一季度	二季度	三季度	四季度	
三	本年现金支出						
1	外购材料（物、低）						
2	支付工资						
3	支付福利费						
4	制造费用现金支出						
5	管理费用现金支出						
6	营业成本现金支出						
7	偿还长短期借款						
8	缴纳税费						
9	支付大修费用						
10	购固定资产						
11	工程项目投入						
12	对外投资支出						
13	分红支出						
14	其他支出						
四	现金结余或缺口						

注：1. 外购材料包含营业成本、管理费用中的物料消耗及低值易耗品。
2. 支付工资包含营业成本、管理费用中的工资。

21-16　预算变更申请表

预算变更申请表

部门：　　　　　　　日期：　　　　　　　单位：

变更类别	□预算调整		□预算增加		□预算追减
预算科目	细项说明	原核定预算	拟变更内容	调整幅度	申请理由
批示					
其他					

21-17 单项预算指标考核表

单项预算指标考核表

部门：　　　　　　　　　　　　　　　　　　　　　　　　　　　　　　单位：万元

序号	指标名称	责任部门	考核周期	计划	实际	完成目标	备注
1	产成品资金占用	销售部	月				
2	货款回收率	销售部	月				
3	索赔净损失额	销售、技术质量部	年				
4	销售费用	销售部	月				
5	生产资金占用额	生产制造部	月				
6	节能降耗	生产制造部	年				
7	内部质量损失额	技术质量部	年				
8	外部质量损失额	技术质量部	年				
9	采购资金占用	采购配套部	月				
10	采购降成本	采购配套部	年				
11	工会经费	综合管理部	年				
12	制造降成本	生产制造部	季				
13	质量降成本	品质管理部	季				
14	消耗物资（工装类、油辅料、设备备件、劳保等）降低率						
15	管理费用	财务部	季				
16	财务费用	财务部	季				
17	研发投入占企业销售收入比重	财务部	年				
18	其他业务收入	财务部	年				
19	经营活动现金净流量	财务部	月				
20	管理降成本	财务部	季				
21	工业增加值	行政部	年				
22	净资产收益率	财务部	年				
23	净利润	财务部	年				
24	经济增加值	财务部	年				
25	应收账款周转次数	销售部	月				
26	存货周转次数	财务部	月				
27	资产负债率	财务部	年				
28	现金流动负债比率	财务部	年				

21-18 各部门成本费用预算执行情况考核表

各部门成本费用预算执行情况考核表

项目名称	××部门			
	预算	实际	完成情况	备注
1.职工薪酬				
其中：工资				
职工福利费				
社会保险费				
住房公积金				
工会经费				
员工教育经费				
非货币性福利				
其他				
2.劳动保护费				
3.保险费				
4.折旧费				
5.修理费				
6.开办费				
7.无形资产摊销				
8.长期待摊费用摊销				
9.低值易耗品摊销				
10.存货盘亏及毁损				
11.业务招待费				
12.差旅费				
13.办公费				
14.水电费				
15.税金				
16.租赁费				
17.诉讼费				
18.聘请中介机构费用				
19.咨询费				
20.研究与开发费				

续表

项目名称	××部门			
	预算	实际	完成情况	备注
21.技术转让费				
22.董事会会费				
23.排污费				
24.其他				
其中：审计费				
党务活动经费				
仓库经费				
绿化费				
物料消耗				
运输费				
生育保险				
出国费				
上级管理费				
会议费				
其他				
合计				

21-19　生产部门预算执行情况考核表

生产部门预算执行情况考核表

序号	项目	××部门			
		预算	实际	完成情况	备注
－01	直接材料				
－02	燃料及动力				
－03	工资及福利				
－04	专用费用				
－05	废品损失				
－06	协作费用				
－07	制造费用				

续表

序号	项目	××部门			
		预算	实际	完成情况	备注
1	工资				
2	职工福利费				
3	折旧费				
4	修理费				
5	办公费				
6	水电讯费				
7	差旅费				
8	运输费				
9	机物料消耗				
10	低值易耗品摊销				
11	劳动保护费				
12	外部加工费				
13	五险一金				
14	劳务工工资				
15	试验检验费				
16	设备大中小修理费				
17	部门自耗				
18	其他				
19	物业管理费				
20	通信费				
21	油料及化工原料				
22	外购动力				
23	配送费				
24	租赁费				
25	保险费				
合计					

21-20　企业年度费用预算分析表

企业年度费用预算分析表

月份	产销金额	预计利润	利润率	原料成本	人工成本	制造费用	比率	销售费用	比率
1									
2									
3									
4									
5									
6									
7									
8									
9									
10									
11									
12									
合计									

第22章 资产管理表格

22-01 银行存款、现金收支日报表

银行存款、现金收支日报表

年　　月　　日

收入					支出					
传票号码	摘要	行号	银行存款	现金	传票号码	摘要	行号	支票号码	银行存款	现金
	合计					合计				
现金、银行存款										
行库名称账号		上日结存		收入		支付		本日结存		摘要
1										
2										
3										
…										
银行存款小计										
现金										
合计										

负责人：　　　　会计：　　　　复核：　　　　出纳：

22-02 货币资金明细表

货币资金明细表

开户银行及分行名称、保存现金单位名称	账户号码	货币种类	原币金额	账面人民币余额	其中			年利率/%	备注
					期限在3个月以内（含3个月）的定期存款	期限在3个月以上的定期存款	活期存款		
货币资金合计									
–01.银行存款小计									
其他银行存款（请另外分列明细）									
–02.现金小计									
其他现金									
–03.其他货币资金小计									
1.外埠存款									
2.银行汇票存款									
3.银行本票存款									
4.信用卡存款									
5.信用证存款									
6.存出投资款									
7.委托投资款									
8.其他									

22-03 货币资金变动情况表

货币资金变动情况表

编制单位：　　　　　　　　　　　　年　月　日　　　　　　　　　　单位：万元

项目	银行存款账号			现金	凭证起讫号	合计	备注
	××	××	××				
周初账面金额							
本周增加金额							
营业收入							
融资收入							
投资收回							
其他收入							
本周减少金额							
营业支出							
归还贷款							
投资支出							
其他支出							
本周账面余额							
未记账增加							
未记账减少							
本周账面余额							

会计主管：　　　　　　　出纳：　　　　　　　制表：

22-04 现金收支日报表

现金收支日报表

昨日库存	本日收入		本日支出		今日库存
	收款金额	银行提现	付款支出	解交银行	
	收款凭证从第_____号到第_____号		付款凭证从第_____号到第_____号		
备注					
出纳员					

22-05　货币资金日报表

货币资金日报表

年　月　日　　　　　　　　　　　　　　　　　　单位：元

货币资金类别	昨日余额	本日收入	本日支出	本日余额
合计				

22-06　应收票据备查簿

应收票据备查簿

出票人	收款人	票号	金额	出票日期	到期日	出票银行	前手	后手	商票	银票	备注

22-07　固定资产登记表

固定资产登记表

部门名称：　　　　　　　　　　　　　　　　登记表编号：

类别编号		类别名称	
资产编号		增加方式	
资产名称		规格型号	
原值		购置数量	
购置时间		存放地点	
经办人签字		使用人签字	
报废时间			
附属设备			
备注			

注：本表一式三份，固定资产使用部门留存一份，办公室备查一份，财务部门存档一份。

22-08　固定资产台账

固定资产台账

所属单位：　　　　　　　　　　　　　　　　　　　　　　　　　　年　月　日

序号	编号	名称	规格	计量单位	数量	起用时间	使用寿命	年折旧率	原值	净值	使用部门	位置	变动情况	备注

22-09　固定资产报废申请书

固定资产报废申请书

申请单位：　　　　　　报送日期：　　　年　月　日　　　申请书编号：

资产编号		资产名称		型号规格	
制造国、厂		制造年份		投产年份	
使用部门及安装地点		分类折旧年限		已使用年限	
资产原值		已提折旧		残值	
报废原因、更新设备条件及处理意见：					
部门领导：　　　　　　　　检查人：　　　　　　　　经办人：					
设备部门意见：					
主管领导批示：　　　　　　　财务部门：　　　　　　　　　　年　月　日					

注：使用部门、设备部门、财务部门各一份。

22-10　固定资产增减表

固定资产增减表

会计科目	财产编号	资产名称	规格	增减原因	单位	本月增加				本月减少					备注
						数量	金额	使用寿命	月折旧额	数量	金额	使用寿命	已提折旧	月折旧额	

22-11　闲置固定资产明细表

闲置固定资产明细表

管理部门：　　　　　　　　　　　　　　　　　　　　　　　　制表日期：　　年　月　日

资产编号	资产名称	数量	单位	账面价值			使用情况（年限）			闲置原因	拟处理意见
				总价	已提折旧	净值	取得时间	使用年限	已用时间		

管理部门经理：　　　　　　　　　　　　　　　　　　　　　　　财务部经理：

22-12　固定资产累计折旧明细表

固定资产累计折旧明细表

　　年　月　日至　　年　月　日　　　　　　　　　　　　　　　　　　　　单位：

项目	期初余额	本期增加额	本期减少额	期末余额	备注

填写说明：1.按房屋、机器设备等分别列明。

2.如需经重新估价，应分别按成本及重估增值逐项列明。

22-13 无形资产及其他资产登记表

无形资产及其他资产登记表

年度　　　　　　　　　　　　　　　　　　　　　　　　　　　单位：元

项目	年初余额	本年增加	本年摊销	本年减少	年末余额	备注
1.无形资产						
（1）专利权						
（2）						
（3）						
小计						
2.其他资产						
（1）						
（2）						
（3）						
小计						
合计						

22-14 存货核算明细表

存货核算明细表

货号：　　　　　　　单位：　　　　　　　存放地点：

年		单号	摘要	单价	进货		出货		结存	
月	日				数量	金额	数量	金额	数量	金额

22-15 存货分类汇总表

存货分类汇总表

项目	行次	年初金额			期末余额				其中存放超过三年的存货
		金额	跌价准备	净额	金额	期末可变现净值	跌价准备	净额	
1.原材料	1								
2.包装物	2								
3.低值易耗品	3								
4.材料成本差异	4								
5.库存商品	5								
6.产品成本差异	6								
7.委托加工物资	7								
8.委托代销商品	8								
9.受托代销商品	9								
减：代销商品款	10								
10.在产品及自制半成品	11								
（1）自制半成品	12								
（2）生产成本	13								
（3）劳务成本	14								
11.在途物资	15								
12.物资采购	16								
13.发出商品	17								
14.分期收款发出商品	18								
15.其他	19								
合计	20								

22-16 材料耗用月度报表

材料耗用月度报表

年　月

材料类别	计量单位	本月发生数				年累计数			
		实际用量	标准用量	差异数	差异率	实际用量	标准用量	差异数	差异率
1.原料及主要材料 （1） （2） （3）									
2.辅助材料 （1） （2） （3）									
3.燃料									
4.低值易耗品									
5.修理配件									
6.包装物									
合计									

制表人：　　　　　　　　　　　　　审核：

22-17 原材料库存月报表

原材料库存月报表

年　月

材料编号	材料名称	单位	上月结存		本月进库		本月发出		本月结存		备注
			数量	金额	数量	金额	数量	金额	数量	金额	

22-18 材料收发存月报表

材料收发存月报表

年　月

类别、品名、规格	期初结存			本期入库			本期出库			本期结存		
	单价	数量	金额	单价	数量	金额	单价	数量	金额	单价	数量	金额

审核：　　　　　　　　　　　　　　　　　制表：

22-19 固定资产盘盈盘亏报告单

固定资产盘盈盘亏报告单

单位名称：　　　　　　　　　　　　　　　　　　　　　年　月　日

编号	名称	计量单位	盘盈			盘亏			备注
			数量	重置价值	估计折旧	数量	原价	已提折旧	
盘盈盘亏原因									
审批意见									

部门负责人：　　　　　　保管员：　　　　　　　　　　清点人：

22-20　流动资产盈盘亏报告单

流动资产盈盘亏报告单

名称：　　　　　　　　　　　　　　　　　　　　　　　　　　　　　　年　月　日

编号	类别及名称	计量单位	单价	实存		账存		对比结果				备注
								盘盈		盘亏		
				数量	金额	数量	金额	数量	金额	数量	金额	
盘盈盘亏原因												
审批意见												

部门负责人：　　　　　　　　保管员：　　　　　　　　清点员：

22-21　资产清查中盘盈资产明细表

资产清查中盘盈资产明细表

序号	资产名称	规格型号	计量单位	取得日期	取得方式	存放地点	使用部门	使用人	累计使用年限	资产原值	资产净值	申请入账金额	备注

第23章　账款管理表格

23-01　应收账款登记表

应收账款登记表

年度

日期		科目	厂商名称	摘要	金额	冲转日期		采购单号码	进库单号码	备注
月	日					月	日			

23-02　应收账款明细表

应收账款明细表

编制单位：　　　　　　　　　　　年　月　日　　　　　　　　　单位：元（旬表）

项目	户数	金额	占全部应收款/%	备注
＿＿＿元以上				
1.A公司 2.B公司 ……				
＿＿＿元以上				
1.A公司 2.B公司 ……				
＿＿＿元以下				
1.A公司 2.B公司 ……				
合计				

23-03　应收账款日报表

应收账款日报表

年　月　日

应收账款				应收票据			
销货日期	客户	订单号	金额	收单日期	客户名称	银行名称	金额
合计				合计			

23-04　应收账款月报表

应收账款月报表

年　月　日　　　　　　　　　　　　　单位：元

序号	客户名称	月初余额	本月增加	本月减少	月末余额	账款类别
合计						

23-05　应收账款分析表

应收账款分析表

月份	销售额	累计销售额	未收账款	应收票据	累计票据	未贴现金额	兑现金额	累计金额	退票金额	坏账金额
分析										
对策										

23-06 应收账款变动表

应收账款变动表

年　月　日

客户名称	上期余额（A）	本期增加			本期减少				本期余额（A+B-C）	备注
		销货额	销货税额	合计（B）	收款	折让	退货	合计（C）		

核准：　　　　　　　　主管：　　　　　　　　制表：

23-07 问题账款报告书

问题账款报告书

基本资料栏	客户名称			
	公司地址		电话	
	工厂地址		电话	
	负责人		联系人	
	开始往来时间		交易项目	
	平均每月交易额		授信额度	
	问题账金额			
问题账形成原因				
处理意见				
附件明细				

核准：　　　　　　　　复核：　　　　　　　　制表：

23-08　应收账款控制表

应收账款控制表

年　月　日

客户名称	上月应收账款	本月出资	本月减项				本月底应收账款
			回款	退款	折让	合计	
合计							

总经理：　　　　　　　　　主管：　　　　　　　　　制表：

23-09　应收账款账龄分析表

应收账款账龄分析表

年　月　日　　　　　　　　　　　　　　　　单位：元

账龄	A公司		B公司		C公司		合计	
	金额	比重/%	金额	比重/%	金额	比重/%	金额	比重/%
折扣期内								
过折扣期但未到期								
过期 1～30天								
过期 31～60天								
过期 61～90天								
过期 91～180天								
过期 181天以上								
合计								

23-10　应收账款催款通知单

应收账款催款通知单
年　月　日

户名	结欠		结欠期间				对策	备注
	日期	金额	2个月	3~6个月	6~12个月	一年以上		
合计								

以上应收账款均已结欠超过两个月以上，请加速催收为荷。此致

敬礼

财务部
年　月　日

填写说明：本表由财务部填写两份，一份备查，一份送业务部门。

23-11　催款通知书

催款通知书

×××公司财务部：

　　贵公司××××年×月×日向我公司订购×××，货款计金额×××元，发票号为×××，该货款至今尚未支付给我厂，影响了我公司资金周转。接到本通知后，请即结算，逾期按银行规定加收×%的罚金。如有特殊情况，望及时和我公司财务部×××联系。

　　我公司地址：×××
　　银行账号：
　　电话：×××

×××公司财务部（盖章）
××××年×月×日

23-12　付款申请单（1）

付款申请单

厂商编号：
厂商名称：　　　　　　　　　月份：　　　　　　　　申请日期：

年　月　日	摘要 （收货单号）	申请金额	核发金额	订购单号
	合计			

核准：　　　　　　主管：　　　　　　制表：

说明：1.采购单位每月就厂商别，分别编制一表，以利于审核。
　　　2.适宜采购厂商较多的公司使用。

23-13　付款申请单（2）

付款申请单

编号：　　　　　　　　　　　　年　月　日

收款单位（人）			厂商代码	
说明				
银行 信息	开户行			
	账号			
付款方式	转账支付　现金支付　支票支付　电汇　其他			
发票号码				
付款金额	大写：			
	小写：			
到期日		核销借款	借款人： 借款单编号：	
附件数		备注		
总经理	副总经理	部门经理	处室经理	经办人

23-14　预付款申请单

预付款申请单

日　　期：
申请部门：　□采购科　　　　□总务处　　　□_____
□订金（尚未开发票）
□分批交货暂支款
□金额：
说　明：
冲销日期：
经理_____主管_____申请人_____
会计_____冲账_____

23-15　劳务（　）月分包付款计划

劳务（　）月分包付款计划

编制部门：　　　　　　　　　　　　　　　　　　　填报日期：　　年　月　日

序号	分包单位名称	分包项目名称	合同编号	合同价款	人工费	机械费	材料费	扣保修金	实际结算额	已付金额	未付金额	本月拟付金额	付款日期	备注
合计														

工程技术部：　　　　　　　　物资部：　　　　　　　　总经济师：
商务合约部：　　　　　　　　财务部：　　　　　　　　副总经理：

23-16　材料月付款计划

材料月付款计划

编制单位：　　　　　　　　　　　　　　　　　　　填报日期：　　年　月　日
注：此表报财务部备案

序号	分供商名称	物资名称	合同编号	合同价款	实际结算额	扣保修金	已付金额	应付金额	本月拟付金额	付款日期	备注
合计											

项目经理：　　　　　　　　工程技术部：　　　　　　　　总经济师：
商务经理：　　　　　　　　商务合约部：　　　　　　　　副总经理：

23-17 分包商付款审批表

分包商付款审批表

1.付款基本情况			
分包商名称：		本单编号：	
合同名称：		合同编号：	
合同总额：		本期付款为该合同下第	次付款
合同形式	□固定价 □固订单价 □其他	付款方式	□支票 □电汇 □其他
付款形式	□一次性付款 □多次付款 □其他	收款人开户银行	
付款性质 □保修款	□预付款 □进度款 □尾款	收款人开户行账号	

2.付款统计情况				
数据类别	序号	数据内容	金额	备注
本期应付款	1	本期完成合同内付款		
	2	本期完成合同外付款		
累计应付款	3	至本期止累计应付款（附表1、2）		
本期扣款	4			
	5			
累计扣款	6	至本期止累计扣款合计（附表3）		
累计已付款	7			
累计未付款	8			
本次计划付款金额	大写：			

3.付款审批			
审批人员	签名	签字日期	审批意见
商务经理			
项目经理			
商务合约部			
工程技术部			
财务部			
总经理			

4.实际付款记录			
财务负责人			
本次实际付款金额	大写：		支票号

项目名称：	申请日期： 年 月 日

23-18　坏账损失申请书

坏账损失申请书

客户名称		负责人姓名	
营业地址		电话号码	
申请理由			
不能收回的原因			
业务部意见			
财务部意见			
总经理意见			

23-19　客户信用限度核定表

客户信用限度核定表

客户编号			客户名称			
地址			负责人			
部门别	以往交易已兑现额	最近半年平均交易额	平均票期	收款及票据金额	原信限	新申请信限
主办信用综合分析研判（包括申请表的复查、品德、风评、经营盈亏分析、偿债能力、核定限度的附带应注意事项等）			信限的核定或审查意见		签章及日期	
			主办信用			
			业务主管			
			财务部经理			
			总经理			
			生效日期			

填报人：　　　　部门负责人：　　　　填报时间：

23-20　应付票据明细表

应付票据明细表

票据类别	票据关系人			合同号	出票日期	票面金额	已计利息	到期日期	利息率	到期应计利息	付息条件	备注
	出票人	承兑人	收款人									

编制说明：1.票据类别应按商业承兑汇票、银行承兑汇票分别列示。

2.与收款人是否存在关联关系，在"备注"栏中说明。

3.如果涉及非记账本位币的应付票据，应注明外币金额和折算汇率。

第24章 成本费用管理表格

24-01 产品别标准成本表

产品别标准成本表

标准总产量：

品名	标准损耗率	材料		直接人工		制造费用		标准单位成本
		取得成本	制成成本	分摊率	单位成本	分摊率	单位成本	

核准：　　　　　复核：　　　　　制表：

24-02 标准成本资料卡

标准成本资料卡

产品名称：　　　　　标准设定日期：

	代号	数量	标准单价	一部门	二部门	三部门	四部门	合计
原料								
		合计						
人工	作业编号	标准工时	标准工时产量/时					
制造费用	标准工时	标准分摊率/人工时						
	每单位制造成本合计							

24-03 每百件产品直接人工定额

每百件产品直接人工定额

产品名称及规格：

1.工序（岗位）名称	2.定员人数	3.工价	4.每件产品人工定额	5.每百件产品人工定额

24-04 每百件产品直接材料消耗定额

每百件产品直接材料消耗定额

产品名称及规格：　　　　　　预算期间：　　　　　　　　　　单位：元

1.材料名称	2.计量单位	3.理论消耗量	4.损耗率/%	5.实际消耗量	6.材料单价	7.消耗定额	8.每件产品消耗定额

编制：　　　　　　　审批：

24-05　成本费用明细表

成本费用明细表

填报时间：　年　月　日　　　　　　　　　　　　　　　　　单位：万元

行次	项目	金额
1	–01.销售（营业）成本合计（2+7+13）	
2	1.主营业务成本（3+4+5+6）	
3	（1）销售商品成本	
4	（2）提供劳务成本	
5	（3）让渡资产使用权成本	
6	（4）建造合同成本	
7	2.其他业务支出（8+9+10+11+12）	
8	（1）材料销售成本	
9	（2）代购代销费用	
10	（3）包装物出租成本	
11	（4）相关税金及附加	
12	（5）其他	
13	3.视同销售成本（14+15+16）	
14	（1）自产、委托加工产品视同销售成本	
15	（2）处置非货币性资产视同销售成本	
16	（3）其他视同销售成本	
17	–02.其他扣除项目合计（18+26）	
18	1.营业外支出（19+20+…+25）	
19	（1）固定资产盘亏	
20	（2）处置固定资产净损失	
21	（3）出售无形资产损失	
22	（4）债务重组损失	
23	（5）罚款支出	
24	（6）非常损失	
25	（7）其他（包括三项减值准备）	
26	2.税收上应确认的其他成本费用（27+28）	
27	（1）资产评估减值	
28	（2）其他	
29	–03.期间费用合计（30+31+32）	
30	1.销售（营业）费用	
31	2.管理费用	
32	3.财务费用	

经办人（签章）：　　　　　　　　　　法定代表人（签章）：

24-06　管理费设定表

管理费设定表

科目明细	年实际发生数	年费用额	各月费用拟订数			
			一月	二月	……	十二月
-01.用人费用						
间接人工						
训练及服装费						
-02.设备费用						
折旧						
修护费						
保险费						
税捐						
租金支出						
-03.事务费用						
交际费						
邮电费						
交通费						
书报杂志						
什项购置						
差旅费						
伙食费						
医药费						
水电费						
运费						
-04.杂费						
其他费用						
董监报酬						
劳务报酬						
自由捐赠						
各项摊提						
总管理分摊费用						
合计						

24-07　推销费用设定表

推销费用设定表

科目明细		年实际发生数	年费用额	各月费用拟订数			
				一月	二月	……	十二月
变动费用	外销费用						
	内销费用						
	小计						
	用人费用						
	间接人工						
	教育培训费						
	服装费						
	设备费用						
	折旧						
	修护费						
	保险费						
	税捐						
	租金支出						
	事务费用						
	交际费						
	邮电费						
	交通费						
	文具印刷						
	办公用具购置						
	差旅费						
	伙食医药费						
	水、电费						
	其他费用						
	广告费						
	呆账损失						
	样品赠送						
	其他						
	小计						
合计							

24-08　变动推销费用设定表

变动推销费用设定表

科目明细		年实际发生数	年费用额	各月费用拟订数			
				一月	二月	……	十二月
外销费用	海运费						
	外销保险费						
	外销佣金						
	外销陆运费						
	退税费用						
	印花税						
	福利费						
	杂费						
	小计						
内销费用	内销运费						
	佣金支出						
	营业税						
	印花税						
	福利费						
	其他						
	小计						
变动费用合计							
费用率							
销货收入	内销						
	直接外销						
	间接外销						
	合计						

24-09 材料运输费用分配表

材料运输费用分配表

分配对象	分配标准（材料重量）	分配率	分配金额
合计			

部门负责人：　　　　　　复核人：　　　　　　制表人：

24-10 材料采购成本计算表

材料采购成本计算表
年　月　日

成本项目	A材料		B材料	
	总成本	单位成本	总成本	单位成本
买价				
运费				
合计				

部门负责人：　　　　　　复核人：　　　　　　制表人：

24-11 电费分配表

电费分配表
年　月　日至　年　月　日

项目		用电量/度	单价	金额
总账科目	明细科目			
生产成本	甲产品			
	乙产品			
制造费用				
管理费用				
合计				

部门负责人：　　　　　　复核人：　　　　　　制表人：

24-12 固定资产折旧费计算分配表

固定资产折旧费计算分配表
年　月　日

部门	会计科目	固定资产原始价值	月折旧率	本月折旧额
车间	制造费用			
行政部	管理费用			
合计				

部门负责人：　　　　　　复核人：　　　　　　制表人：

24-13 待摊费用（报纸杂志费）摊销分配表

待摊费用（报纸杂志费）摊销分配表
年　月　日

部门	会计科目	本月应摊销额
车间	制造费用	
行政部	管理费用	

部门负责人：　　　　　　复核人：　　　　　　制表人：

24-14 预提费用（借款利息）摊销计算表

预提费用（借款利息）摊销计算表
年　月　日

借款科目	借款期限	本月发生额	年利率	月利息额
短息借款				
合计				

部门负责人：　　　　　　复核人：　　　　　　制表人：

24-15 工资费用分配表

工资费用分配表

年 月 日

项目			工资费用		
总账科目	明细科目	定额工资	生产工人	管理人员	合计
生产成本	甲产品				
	乙产品				
小计					
制造费用					
管理费用					
合计					

部门负责人：　　　　　　　复核人：　　　　　　　制表人：

24-16 员工福利费计提分配表

员工福利费计提分配表

年 月 日

项目		员工福利费		
总账科目	明细科目	工资总额	提取比例	应提福利费额
生产成本	甲产品			
	乙产品			
小计				
制造费用				
管理费用				
合计				

部门负责人：　　　　　　　复核人：　　　　　　　制表人：

24-17　制造费用分配表

制造费用分配表

年　月　日　　　　　　　　　　　　　　　　　　　　　　单位：元

分配对象	分配标准（生产工时）	分配率	分配金额
合计			

部门负责人：　　　　　　　　复核人：　　　　　　　　制表人：

24-18　产品生产成本计算表

产品生产成本计算表

年　月　日

成本项目	A产品（产量：件）		B产品（产量：件）	
	总成本	单位成本	总成本	单位成本
直接材料				
直接人工				
其他直接费用				
制造费用				
合计				

部门负责人：　　　　　　　　复核人：　　　　　　　　制表人：

第25章 税务管理表格

25-01 纳税自查报告

纳税自查报告

纳税人名称：　　　　　　　　　　　　　　　报送时间：　年　月　日

纳税人识别号		经营地址	
法人代表		联系电话	
办税人员		自查类型	

自查情况报告：
（一）企业基本情况：

（二）历年纳税情况：

（三）历年税务检查情况：

（四）自查发现的主要问题：
（分年度、分税种逐项说明）

	税种	征收品目	税款所属期起	税款所属期止	应补缴税款
自查应补税情况	营业税				
	企业所得税				
	个人所得税				
	房产税				
	土地使用税				
	土地增值税				
	印花税				
	其他税费				
调账记录					

纳税人（公章）：　　　　　　法人代表签章：　　　　　　经办人：

25-02　企业税务风险安全自测及评估标准

企业税务风险安全自测及评估标准

序号	问题	评估标准	评估结果	问题剖析
1	企业的管理层对税务风险和控制是否重视	年度会议中应列明税务风险议题		
2	企业管理层是否具备税务风险管理意识	企业管理层具有税务风险意识并知道税务风险可能给企业带来的后果		
3	企业的办税人员流动性是否超过预期	一般应等于或低于企业核心人员流动率		
4	是否对企业涉税相关人员在招聘环节测试过税收知识，特别是对财务、税务工作岗位	企业招聘流程中应有相关税务知识的考核方法		
5	是否最近对公司税务财务从业人员进行过专业培训	企业员工培训政策应涵盖专业人员培训内容		
6	是否在新员工培训资料中放入与税务相关内容	企业新员工培训手册中应有涉税事项的培训资料		
7	是否对企业业务人员进行发票事项的培训	业务人员应该知道发票对企业的重要性及风险点		
8	企业的业务合同是否经过企业税务部门审核	企业税务人员应该知道合同中有关涉税事项并提供专业指导与建议		
9	企业最近有没有受到税务机关的调查	参照行业、地区同类企业来制定相关标准		
10	新颁布的有关企业的税务相关法律法规是否在30日内完整得到并得到税务部门的评估	企业管理层和税务人员应在30日内知道有关企业税务政策的相关内容，并且企业相关人员也应在合理的时间内（一般不超过45日）知道新的税务政策		
11	对外签订合同中的付款条件、方式等其他条款是否考虑过对纳税的影响	所有付款条件均应得到财务和税务部门的双重审核，保证企业利益不受损害		
12	企业最近有无超年度预算财务预算多缴纳的税收；是否对这些多缴纳的税收做过根本原因分析	企业纳税额应在预算的10%上下波动，同时企业可以分析差异的原因		
13	企业税务人员是否知道从事行业的税收优惠政策并能获取相关充分资料以取得该优惠	企业税务人员应该定期收集与企业相关的税收优惠政策并保证企业能享受到所有相关优惠政策		

续表

序号	问题	评估标准	评估结果	问题剖析
14	新业务发生时是否咨询过企业财务或税务人员	所有新业务均应得到企业税务人员的审核并确保新业务没有或仅存在较少税务风险或企业具有降低该风险的能力		
15	企业是否为日常税务申报建立流程文件并且是否按时完成日常申报	企业应对日常涉税业务编制流程并形成书面文件，企业无延迟纳税申报记录		
16	税法差异或者企业税务人员是否能有效监督会计事项的税务处理方法	企业会计人员是否了解会计与企业会计记录要真实反映涉税记录同时企业应编制适合自身业务情况的会计与税务调整说明书并保证执行		
17	企业税务人员是否与当地税务机关建立了良好关系，如有困难，企业是否能得到当地税务机关的支持或帮助	能够从直管税务机关获取与企业相关的税务信息，并且得到当地税务机关正面评价		
18	企业所处行业或生产产品及服务相关税务政策是否频繁变动	企业所处行业或生产产品及服务相关税务政策变动更新频率未超过平均水平，如果企业属于高税务政策变动行业应建立税务政策研究小组		
19	企业是否曾经有过被罚款、罚滞纳金的情况发生；是否就税务事项与税务机关进行过听证、行政复议或法律诉讼的行为	企业应无因纳税事项而被罚款、承担税收滞纳金的情况，同时企业应对税收争议事项按法律程序进行听证、行政复议和进行法律诉讼		
20	企业是否为涉税资料建立起专门的档案或索引目录，并按保密责任和权限进行控制	企业应按分权分控级控制方法和责任制度对涉税资料建立档案和索引目录		
21	企业的ERP系统是否建立起税务事项的内部流程控制，如果没有是否在系统外形成相关内部控制	企业能够从ERP系统获取所需税务信息，并且ERP系统有关涉税业务的处理能够按内控原则进行		

25-03　月度涉税工作进度表

月度涉税工作进度表

涉税事项	事项描述	完成日期	事项负责人	实际完成日期	延期情况说明

25-04　企业涉税文件登记表

企业涉税文件登记表

文件名称	文件保管负责人	存放地点	文件日期	保管期限	销毁说明

25-05　年度税务日历

年度税务日历

月份	日期	涉税业务	责任人	监督人	备注

25-06　税务风险控制自检表

税务风险控制自检表

序号	重要风险控制关注点	控制方式	自检结果
重大决策和交易	•合并 •重组 •重大投资项目 •经营模式改变 •内部交易定价政策	•税务部门人员参与重大决策的具体方案制定 •重大决策制定前进行税务影响分析和规划、税务尽职调查和相关税务合规性复核 •税务人员和重大决策实施部门保持沟通，以完成实施过程中的相关税务合规工作	
经营链和经营要素	经营链 •研发（研发模式、费用的归集） •采购（存货及进项税发票的管理） •制造（成本涉税事项，如折旧） •销售（销售形式对销售收入确认时间和数额的影响） 经营要素：人、财、物、智	•对预期的风险事项与相关经营链和要素管理部门确定相关税务事项的风险常规管理责任和权利 •对非常规性税务事项确定事发沟通机制和第一责任方（问责方）	
税务会计	•税负的核算和计提 •递延税 •税务扣除限额 •费用项目的合理分类 •纳税调整 •将纳税事项在财务报告中进行合理披露（如税务优惠待遇及不确定税务事项的披露等）	•对预期的风险事项与相关经营链和要素管理部门确定相关税务事项的风险常规管理责任和权利 •对非常规性税务事项确定事发沟通机制和第一责任方（问责方）	
税务申报和缴纳	•防止错报、漏报、少报、迟报 •信息、台账管理 •税务凭证的申请和保管 •税务文件的制备和保管 •发票管理 •各地、各国申报计算规范制定与更新的程序和责任分工 •申报复核与签署规范的制定	•分层管理制度 •税务申报自动提醒和报告系统 •财务信息与税务申报自动连接转换和核对系统 •税务申报编制、复核、批准程序 •非常规性申报的第一问责制和沟通、支持制度 •文档管理制度	
税务争议和协商	•企业税务管理部门及时应对税务机关的信息需求 •保存税务数据的纸质文档和电子文档 •确保税务争议处理结果是真实、完整和正确的 •税务管理部门充分监控和解决税务检查环境变化带来的影响	•税务争议事项的及时汇报 •税务争议的技术支持 •责任人制度	

25-07　发票开具申请单

发票开具申请单

客户名称				申请人：		
电话（重要）						
地址						
开票详情						
货物名称	规格型号	单位	数量		单价	金额
合计				小写金额		
				大写金额		
备注	1		请注明合同号，如无合同号，请写明产品名称和合同签订时间			
	2		务必注明开票公司			

经理签字：　　　　　　　　　　　　　　申请时间：

25-08　开具红字增值税专用发票申请单（销售方）

开具红字增值税专用发票申请单（销售方）

销售方	名称		购买方	名称	
	税务登记号码			税务登记号码	
开具红字专用发票内容	货物（劳务）名称	单价	数量	金额	税额
	合计	—	—		
说明	对应蓝字专用发票密码区内打印的代码： 　　　　　　　　　　　号码： 开具红字普通发票理由：				

销售方经办人：　　　　　销售方名称（印章）：　　　　年　月　日

申明：我部门提供的"申请单"内容真实，否则将承担相关法律责任。

注：本申请单一式两联，第一联，销售方留存；第二联，销售方主管税务机关留存。

25-09　开具红字增值税专用发票通知单（销售方）

开具红字增值税专用发票通知单（销售方）

填开日期：　年　月　日　　　　　　　　　　　　　　　　　　　　No.

销售方	名称		购买方	名称	
	税务登记代码			税务登记代码	
开具红字发票内容	货物（劳务）名称	单价	数量	金额	税额
	合计	—	—		
说明	对应蓝字专用发票密码区内打印的代码： 　　　　　　　　　　　号码： 开具红字普通发票理由：				

经办人：　　　　负责人：　　　　　主管税务机关名称（印章）：

备注：1.本通知单一式两联，第一联，销售方主管税务机关留存；第二联，销售方留存。

2.通知单应与申请单一一对应。

3.销售方应在开具红字专用发票后到主管税务机关进行核销。

25-10　开具红字增值税普通发票证明单

开具红字增值税普通发票证明单

销售方单位名称			销售方税务登记号码		
购买方单位名称			购买方税务登记号码		
开具红字增值税普通发票内容	货物（劳务）名称	单价	数量	销售额	对应兰字发票代码和号码
	合计				
开具红字增值税普通发票理由：					

经办人：　　　　　　　　　　　　　主管税务机关：
部门名称（印章）：　　　　　　　　（审核盖章）
　　　　　　　　年　月　日　　　　　　　　　年　月　日

申明：我部门提供的"证明单"内容真实，否则将承担相关法律责任。

注：本证明单一式三联，第一联，购买方税务机关留存；第二联，购买方送销售方留存；第三联，购买方留存。若证明单由销售方申请开具，第一联，销售方税务机关留存；第二、三联，销售方留存。

25-11　增值税专用发票拒收证明

增值税专用发票拒收证明

××有限公司：

　　贵公司于××××年×月×日给我公司开具增值税专用发票1份，发票代码为××××××××××，发票号码为××××××××，金额为×××元，税额为×××元，价税合计为×××元。

　　贵公司在给我公司开具此份增值税专用发票时，将货物（劳务）名称误填写为"×××"，正确的货物（劳务）名称应为"×××"。此份发票不符合我公司的开票要求，因此我公司拒收此发票。此份发票我公司未进行认证。

　　特此证明！

　　　　　　　　　　　　　　　　　　　　　　　　××有限公司
　　　　　　　　　　　　　　　　　　　　　　　　××××年×月×日

25-12 发票使用登记表

发票使用登记表

年　月至　年　月

日期	购货单位（用途）	发票金额	发票编号	使用人	同意人	备注
合计						

主管：　　　　　　　　财务：　　　　　　　　复核：

第26章 财务稽核管理表格

26-01 审计通知单

审计通知单

□定期　　　□不定期　　　　　　年　月　日

审计部门	
审计日期	
审计内容	
配合事项	

总经理：　　　　　　　　　　　　　　制单：

26-02 审计表

审计表

编号：　　　　　　　　　　　　　　　日期：　年　月　日

	单据	金额	正确性	说明
审计记录				
评语				

26-03 审计报告表

审计报告表

审计人员：

审计项目	审计类别	审计期间	抽样比率	审计结果	备注
批示					

董事长：　　　　总经理：　　　　总审计：　　　　制表：

26-04 稽核工作计划表

稽核工作计划表

稽核类别			稽核项目	估计数量	抽样数量	稽核时间		稽核人员	会同人员	备注
日常	定期	不定期				起	讫			

26-05 稽核报告表

稽核报告表

稽核人员：

稽核项目	稽核类别	稽核期间	抽样比率	稽核结果	备注

董事长：　　　　总经理：　　　　总稽核：　　　　制表：

26-06 财物抽点通知单

财物抽点通知单

抽点日期		抽点人员	
抽点项目		经管部门	
备注			
总经理：			

26-07 实物盘存清单

实物盘存清单

部门名称：　　编号：　　盘点时间：　　财产类别：　　存放地点：

编号	名称	计量单位	数量	单价	金额	备注

盘点人签章：　　　　实物保管人签章：

26-08 账存实存对比表

账存实存对比表

部门名称：　　　　　　　　　　　　　　　　　　　　　　　　　　　年　月　日

编号	名称与规格	计量单位	单价	账存		实存		盘盈		盘亏		备注
				数量	金额	数量	金额	数量	金额	数量	金额	

会计主管：　　　　　　　会计人员：　　　　　　　制表：

26-09 现金盘点报告

现金盘点报告

部门名称：　　　　　　　　　　　　　　　　　盘点日期：　年　月　日

现金清点情况			账目核对		
面额	张数	金额	项目	金额	说明
100元			盘点日账户余额		
50元			加：收入未入账		
20元			加：		
10元			加：未填凭证收款据		
5元			加：		
1元			加：		
5角			减：付出凭证未入账		
1角			减：未填凭证付款据		
			减：		
			减：		
			调整后现金余额		
			实点现金		
			长款		
合计			短款		

盘点人：　　　　　　　监盘人：　　　　　　　复核：

26-10　银行存款清查明细表

银行存款清查明细表

部门名称：　　　　　清查基准日：　年　月　日　　　　　单位：元

账户名称	开户银行	账号	基准日账面金额①	基准日银行函证余额②	清查变动数 盘盈③	清查变动数 盘亏④	清查数 ⑤=①+③-④	损益原因⑥	备注⑦
合计									

经办人：　　　　　　　　　　　　清查日期：

26-11　有价证券盘点报告表

有价证券盘点报告表

经管部门：

名称	发行年度期别	到期日	每张面值	账面张数	盘点张数	盘点金额	备注
公司负责人		部门负责人		保管人		盘点人	

盘点日期：

26-12　有价证券清查明细表

有价证券清查明细表

部门名称：　　　　　　　　　清查基准日：　　　　　　　　　单位：元

项目	发行日期	投资日期	到期日	票面利率	盘点日盘点数			盘点倒扎数		倒扎后基准日金额⑨=⑥-⑦+⑧	基准日账面金额⑩	清查变动数		清查数⑬=⑩+⑪-⑫	损益原因⑭	备注⑮
					面额④	张数⑤	盘点日盘点金额⑥=④×⑤	基准日至盘点日有价证券收入总额⑦	基准日至盘点日现金支出总额⑧			盘盈⑪	盘亏⑫			

清查日期：

26-13　无形资产清查明细表

无形资产清查明细表

部门名称：　　　　　　　　　清查基准日：　　　　　　　　　单位：元

类别项目	初始金额①	已摊销金额②	基准日账面金额③=①-②	核对(盘点)金额④	清查变动数		清查数⑦=③+⑤-⑥	损益原因⑧	备注⑨
					盘盈⑤	盘亏⑥			

财务负责人：　　　　　　经办人：　　　　　　清查日期：

26-14 债权债务清查报告表

债权债务清查报告表

年　月　日

总分类账户		明细分类账户		清查结果		核对不符单位及原因					近日到期票据	
名称	金额	名称	金额	核对相符金额	核对不符金额	核对不符单位	未达账项金额	争执款项金额	无法收回	无法支付	应收票据	应付票据

清查人员签章：　　　　　　　　　　记账员签章：

Part 4 财务管理文本

第27章 筹资融资文本

27-01 项目融资申请书

项目融资申请书

一、项目融资申请人：_____

二、项目企业基本信息

公司名称：_____

公司地址：_____

电话号码：_____

传真号码：_____

电子信箱：_____

公司网址：_____

三、公司主要业务：_____
_____

四、公司注册资金：_____

五、股东名称及控股百分比

姓名：_____ 占股比例：_____%

姓名：_____ 占股比例：_____%

姓名：_____ 占股比例：_____%

姓名：_____ 占股比例：_____%

六、董事局成员及职衔

姓名：_____ 职衔：_____

姓名：_____ 职衔：_____

姓名：_____ 职衔：_____

姓名：_____ 职衔：_____

七、项目信息

项目名称：_____

项目简介：_____
_____

项目现状：_____
_____

资金投入：_____
政策优惠：_____

八、融资企业期望与我们达成的合作方式

融资额度：_____
股权合作：_____（选择打√）可出资额度：_____
债权合作：_____（选择打√）
合作年限：_____年
其他合作方式：_____

九、现有固定资产

现有固定资产明细：_____
_____
现有负债：_____
其他资产情况：_____

十、项目所具备的融资材料：_____
_____（请以附件发送）

十一、政府对项目的批准文件（请以附件发送）

十二、此申请资料请用传真或者电子邮件提交

申请单位：_____（盖章）
企业法定代表人：_____（签字）
申请日期：_____年____月____日

27-02　关于新产品开发所需资金的筹资申请

关于新产品开发所需资金的筹资申请

××银行总行：

　　我公司为了扩大产品的市场占有率，满足市场的消费需求，决定在现有产品基础上，开发新产品××，该产品已取得国家相关认证。目前，同类产品尚未出现，市场前景很好。

　　（1）该产品属于新兴产业。目前，有生产资格的公司仅有三家，其他两家公司资产仅为我公司的10%，我公司竞争优势明显。

　　（2）市场需求量大。现在随着生活水平的提高，人们的消费水平和消费理念正在改变，对××类产品的需求量逐年加大。据统计，_____年××类产品的销售量为××件，经济效益为_____万元人民币。

（3）生产有保证。该产品的生产原料国内供应非常充足。

（4）还款能力不容置疑。我公司商业信誉一向很好，加上该产品的销售前景良好，及时还款不会出现问题。

（5）现特向贵银行申请产品投产资金贷款____万元，我公司将于____年____月前还清全部本息，并将制定出详细的还款计划交予贵行。恳请支持，批准此项贷款。

××集团

_____年____月____日

27-03　项目投资计划书

项目投资计划书

项目名称：

申请人：

接洽地址：

电子邮件：

提交日期：

一、项目基本情况

项目名称：

启动时间：

筹办注册本金：

项目进展：（申明自项目启动以来至目前的进展情况）

主要股东：（列表申明目前股东的名称、出资额、出资情势）

组织机构：（用图来表示）

主要业务：（筹办谋划的主要业务）

盈利模式：（具体申明本项目的贸易盈利模式）

未来3年的发展战略和谋划目标：（销售收入、市场占有率、产品品牌等）

二、管理层

（一）公司董事会（董事成员、姓名、职务）

（二）高管层简介［董事长、总经理、主要技术负责人、主要营销负责人、主要财政负责人（姓名、性别、年龄、学历、专业、职称、毕业院校、主要履历和业绩，主要申明在本行业内的管理经验和成功案例）］

三、研究与开发

（一）项目的技术可行性和成熟性阐述

1.项目的技术创新性阐述

（1）技术原理及核心技术内容：_____。

（2）创新点技术原理：_____。

2.项目成熟性和可靠性阐述

_____。

（二）项目的开发成果及主要技术竞争对手

说明产品是否经国际、海内各级行业势力巨子部门和机构判定；海内外情况，项目在技术与产品开发方面的海内外竞争对手，项目为提高竞争力所采纳的措施：_____

（三）后续开发规划

请申明为保证产品机能、产品升级换代和保持技术进步先进程度，项目的开发重点、正在或者未来3年内拟开发的新产品：_____

（四）开发投入

截止迄今项目在技术开发方面的资金总投入，规划再投入的开发资金，列表申明每一年购置开发设备、员工用度以及与开发有关的其他用度：_____
_____

（五）技术资源和互助

项目现存技术资源以及技术储蓄情况，是否追求技术开发依托和互助，如大专院校、科研院所等，如有请申明互助方式：_____

（六）技术保密和激励措施

请申明项目采纳哪些技术保密措施、激励机制，以确保项目技术文件的安全性和要害技术职员和技术团队的稳定性：_____

四、行业及市场

（一）行业状况

说明行业发展历史及现状，哪些变化对于产品利润、利润率影响较大，进入该行业的技术壁垒、贸易壁垒、政策导向和限制等：_____

（二）市场前景与预先推测

全行业发卖发展预先推测并注明资料来源或者依据：_____。

（三）目标市场

请对于产品或服务所面向的主要用户品类进行具体申明：_____。

（四）主要竞争对手

申明行业内主要竞争对手的情况，主要描述在主要发卖市场中的竞争对手所占的市场份额，及竞争优势和竞争劣势：_____

（五）市场壁垒

请申明市场发卖有没有行业管束，公司产品进入市场的困难程度及对策：_____

（六）SWOT阐述

产品、服务与竞争者相比的优势与劣势，面对的时机与威吓：_____

（七）发卖预先推测

预先推测公司未来3年的发卖收入和市场份额：_____

五、营销计谋

（一）价格计谋

发卖成本的构成、发卖价格制定依据和扣头政策：_____

（二）行销计谋

请申明在成立发卖收集、发卖渠道、告白促销，以及设立代理商、分销商和售后服务方面的计谋与实行办法：_____

（三）激励机制

申明成立一支本质杰出的发卖团队的计谋与办法，对于发卖职员采纳什么样的激励和约束机制：_____

六、产品生产

（一）产品生产

说明产品的生产方式是本身生产还是委托加工，及生产范围、生产园地、工艺流程、生产设备、质量管理、原材料采集购买及仓储管理等：_____

（二）生产职员配备及要求

_____

七、财政规划

（一）股权中小企业融资数量和权益

原创事业基金参股本项目的数量，及其他资金来源和额度，以及各投资参与者在公司中所占权益：_____

（二）资金用途和使用规划

请列表申明中小企业融资后项目实行规划，包括资金投入进度、效果和起止时间等：_____

（三）投资回报

申明中小企业融资后未来3～5年平均年投资回报率及有关依据：_____

（四）财政预先推测

请供给中小企业融资后未来3年项目预先推测的资产负债表、损益表、现金流量表，并申明财政预先推测数值体例的依据：_____

_____

八、风险及对策

（一）主要风险

请具体申明本项目实行过程中可能碰到的政策风险、开发风险、谋划管理风险、市场风险、生产风险、财政风险、汇率风险，以及对于项目重要职员依赖的风险等：_____

（二）风险对策

以上风险如存在，请申明控制和防范对策：_____

27-04　筹资分析报告

筹资分析报告

一、项目名称

承担单位：××（集团）股份有限公司

二、企业概况

××（集团）股份有限公司是以电子产业为主并向多功能、复合化、轻便化、智能化和品位化方向发展的企业。由于本公司拥有先进技术，先进的生产设施、厂房、生产设备以及生产线，所生产的××产品为本公司的拳头产品，主要在本地市场销售，有一定的知名度和市场份额。目前，公司正在加速研发新产品，生产能力尚未充分利用，具有一定挖掘潜力，前景非常乐观。

本公司以先进的技术、优质的服务、科学的管理和创新灵活的新体制新机制以及高速健康的增长速度一直致力于××××，为国家和本地区的经济发展做出不懈的努力，取得突出的经济效益和社会效益。

为进一步赶超国际新技术，本公司所属的生产基地不断加大科技投入，现已拥有自己的研发中心，实现了产学研的有效结合，构建起本公司加快培育企业核心竞争力的新舞台。随着本公司经济技术发展相伴而来的是信息技术的优先发展，这为全新优质的服务提供了技术保证，开创了捆缚式服务的新阶段。主导产业日新月异的发展带动了配套产业的突飞猛进，逐步形成多产品、品牌组合，多销售渠道，逐渐展现出中高端发展、多元发展的新局面。

三、公司产品

本公司经过××的发展，已研发并取得××产品的生产许可证，目前××产品为本公司的拳头产品，主要在本地市场销售，在本地市场具有一定的知名度，占有一定的市场份额。除此之外，公司需要加速研发新产品××。

四、技术力量

本公司拥有较大规模的电子产业生产基地，现有____个厂房、____条生产线、____套动力设备、____座行政大楼、____套办公设备、____个原材料仓库、____个产品仓库、____辆卡车，资产总额超过_____万元，并有一支水平高、能力强、业务精的技术管理骨干队伍，技术级别1级的有____人、2级的有____人、3级的有____人，辅助生产人员____人，行政管理人员____人（其中，无职称____人、初级职称____人、中级职称____人），销售人员____人，其他员工____人，并有诱人的薪资计划和长远的员工晋升计划，从而提高公司员工的创造能力和更好地吸引其他公司的技术人员加盟。按照本公司第____年～第____年发展目标，不断加快建设新型工业化生产线的步伐，实施科技振兴企业的战略，从产品技术的吸收消化国际先进技术向研究开发、自主创新方向发展，加速产品升级换代。

五、项目开发的可行性

公司经营范围包括电子产品（××、××、××）生产、投资、批发和零售贸易。××是已经研发出来的，但××产品的销售量逐年地下降，从××需求趋势图看，市场价格总体上也呈下滑趋势。虽然××产品在市场上仍处于主导地位，但其地位已经逐渐下降了，而且市场竞争也很激烈，公司能在××身上获利的空间已经很少了。

因此，我们要在××研发出来之后，就要把××转化为半成品，继续加工为其他产品。××相对××来说，市场需求缓慢上升，研发×个月才可以投入生产。从趋势图看出第×年开始上升的速度加快，因此在第×年下半年就要开始研发。

六、项目开发的必要性

××的制造成本较高，而产品的售价不高，除了第×年市场价格有小幅度提高之外，基本呈现持续下降趋势。××价格适中，且在第×年之前还有稍微增长。××和××属于高价位产品，价格会上升之余，市场需求还不断增加，有较大的利润空间。

××产品第1～7年销售统计及价格变动趋势见下面两表。

本地区××产品第1～7年销售统计表

时间	第一年	第二年	第三年	第四年	第五年	第六年	第七年
本地销售量/万件							
本地制造商销售量/%	67.5	68.2	68.6	68.9	69.6	70.5	70.2
模拟制造商销售量/%	38.5	38.8	39.1	40.5	40.8	40.3	40.5
平均销售价格/元	2920	2880	2868	2855	2845	2832	2851

××价格变动趋势			
时间 市场	平均价格 /（元/件）	变动幅度/%	变动趋势描述
国内			除第7年市场价格有小幅度提高外，呈持续下降趋势
国际			同上

七、项目的目标和内容

对于已经制定的市场计划，我们要在各方面严格控制，确保目标的实现。在生产上，要与生产部密切联系，保证产能不耽误和产品质量过关。在销售上，投入的广告费用和研发费用一定要确保能提高定货量。对于已开发的客户，要精心去维护，并且要不断开发新客户。成功研发××，并通过大力生产，使××代替××成为本公司的拳头产品，占据更多的市场份额。我们本年的销售订单为_____件，单价为_____元/件。

八、总结

通过以上的研究分析，根据本公司的状况和经营实力，本公司是在原有资本的基础上进行贷款，偿还能力上不成问题。公司获得贷款后进行的建设条件有利，财务效益可观，扩建后满足了年产量生产能力，满足了新开发市场的产品搭配，保证产品的后期存储，稳定并提高产品的质量，提高本公司在电子产业市场的信誉，因此可以认为本公司贷款这一建设项目是可行的。

××（集团）股份有限公司
_____年___月___日

27-05 筹资决策报告

筹资决策报告

董事会：

为适应本公司业务发展的需要，根据公司董事会提议，股东大会通过了于今年九月份追加筹资2000万元的决议。公司财务部对资金市场及其可能的筹资渠道和方式进行了广泛的调查研究和分析，认为可以采取向银行贷款、发行企业债券、增发普通股等方式分别筹资。根据三种筹资渠道可能筹集的资金额，提出了两种筹资方案可供决策。现将筹资方案的可行性分析论证情况及其结果报告如下。

一、本公司现有的资金结构

本公司现有的资金结构见下表。

××公司现有资金结构表

筹资方式	金额/万元	资金结构/%	资金成本/%
银行借款	1200	30	8
发行债券	1200	30	10
发行股票	1600	40	15
合计	4000	100	33

二、可供选择的追加筹资方案

公司经过认真的调查，提出了两个追加筹资的方案（见下表）。

追加筹资方案

筹资方式	追加筹资方案一		追加筹资方案二	
	筹资额	资金成本	筹资额	资金成本
长期借款	400万	年利率12%	300万	年利率12%
长期债券	200万	年利率15% 筹资费5%	200万	年利率15% 筹资费5%
普通股	400万（每股市价400元）	每股股利50元，年增长率为4%	500万（每股市价500元）	每股股利65元，年增长率4%

三、追加筹资方案的论证

由于追加了筹资，使得本公司的资金结构发生了变动，重新计算见下表。

追加筹资方案资金对比

单位：万元

筹资方式	资金数额		资金比重		资金成本率	
	方案一	方案二	方案一	方案二	方案一	方案二
长期借款	1200	1200	24%	24%	8%	8%
	400	300	8%	6%	8.4%	8.4%
长期债券	1200	1200	24%	24%	10%	10%
	200	200	4%	4%	11.05%	11.05%
普通股	1600	1600	32%	32%	15%	15%
	400	500	8%	10%	16.5%	17%
合计	5000	5000	100%	100%		

根据上表测算两方案的加权平均资金成本率如下。

（1）追加筹资方案一的加权平均资金成本率为：

8%×24%+8.4%×8%+10%×24%+11.05%×4%+16.5%×40%=12.034%

（2）追加筹资方案二的加权平均资金成本率为：

8%×24%+8.4%×6%+10%×24%+11.05%×4%+17%×42%=12.406%

以上计算结果表明：筹资方案一的加权平均资金成本率为12.034%，比筹资方案二的加权平均资金成本率12.406%要低，因此本公司追加筹资，应采用第一种筹资方案。

四、追加筹资给企业带来的经济效益（略）

通过上述比较分析表明，本公司采用第一种追加筹资的方案，能降低筹集资金的代价，并获得较为可观的经济效益。

××公司财务处

_____年____月____日

第28章 财务预算与计划文本

28-01 关于销售收入、成本、利润、资金需要量的预测报告

关于销售收入、成本、利润、资金需要量的预测报告

×总经理：

经技术改造后，我公司的产品结构有了很大的变化，A、B、C等优质产品的产量逐步提高，1～9月份的产品销售收入为_____万元，比上年同期上升____%。根据销售部门估计，全年销售收入可达_____万元左右，销售收入利润率可达____%。

现按您的指示，对我厂明年的销售收入、成本、利润和资金需要量做如下预测，供参考。

（一）销售收入预测

1. 预测数据

（1）本年销售收入_____万元。

（2）预测明年销售量增加____%。

（3）预测明年销售单价上升____%。

2. 预测方法

按"因素分析法"预测，其计算公式为：

明年销售收入＝本年销售量×（1+预测明年销售量增长率）×（1+销售单价上升率）

（二）利润总额预测

1. 预测数据

（1）预计明年销售收入_____万元。

（2）预测明年的销售收入利润率为____%。

2. 预测方法

按"相关比率法"预测，其计算公式为：

明年的利润总额＝预计明年的产品销售收入×预计明年的销售收入利润率

（三）成本费用预测

1. 预测数据

（1）预计明年销售收入_____万元。

（2）预测明年利润总额_____万元。

2. 预测方法

按"倒扣计算法"计算，其计算公式为：

预测成本费用=预计销售收入–预计利润总额

（四）资金需要量预测

1.预测数据（见下表）

（1）基期资产负债表上的资产总额_____万元。

（2）预测期销售增长率为____%。

（3）预测期新增零星开支数额_____万元。

（4）基期随销售变动的资产额_____万元。

（5）基期随销售变动的负债额_____万元。

与销售有关部门的资产和负债

与销售有关部门的资产		与销售有关部门的负债	
项目	金额/万元	项目	金额/万元
货币资金	××××	应付账款	××××
应收账款	××××	应付票据	××××
应收票据	××××	未收税金	××××
存款	××××		
合计	××××	合计	××××

2.预测方法

按"销售收入百分比法"预测，其计算公式为：

$$F=FO+K(A-L)+M$$

上式中，F代表预测期资金需要量；FO代表基期资产总额；K代表预测期销售收入增长率；A代表基期随销售变动的资产；L代表基期随销售变动的负债；M代表预测期新增的零星开支。

综合以上四方面的预测情况，明年我公司财务变动的大致情况如下。

（1）销售收入有可能达到_____万元，比今年增长____%左右。

（2）利润总额预测为_____万元，比今年增长____%左右，销售收入利润率可能达到____%，成本费用利润率达到____%左右。

（3）成本费用总额预测为_____万元，比今年增长_____%。

（4）资金需要量预计要增加_____万元，这个数额，尚可由公司内部自行解决。

以上几个预测数，尚需要与公司内生产、销售部门共同研究论证。我们认为，明年我厂的财务状况如能按上述测算实现，其前景是比较可观的。

××有限公司财务部
_____年____月____日

28-02 ××有限公司_____年财务计划

××有限公司_____年财务计划

我公司在公司董事会的正确领导下，_____年取得了可喜的成绩。在新的一年里，根据上年公司目标的完成情况以及各部门的发展情况，特编制了"_____年财务计划"。

一、编制依据

（1）以上年各项指标完成情况和今年的各项经济技术计划为基础。

（2）目前已签订的供应、销售合同和可能达成的协议。

二、几项经济技术指标的说明

（1）_____年计划工业产值_____万元，为上年的____%，比上年增长____%，全员劳动生产率增长____%。

（2）降低产品成本____%，降低额_____万元，可比产品成本降低____%，降低额_____万元。

（3）在增加产品销售收入____%的基础上，_____年计划利润_____万元，比上年增长____%。

（4）计划产值利润率____%，比上年增长__%，资金利润率____%，比上年下降____%。

（5）为生产需要，今年计划增购设备三项，价值_____万元。

三、计划中的几个问题

（1）在计划内的产品销售收入中，还有_____万元的销售合同没有签订。

（2）原材料中的钢材_____吨需要市场调节解决，价格将增加____%，对降低产品成本有很大影响。

（3）现有资金还有一定缺口，本年需要贷款_____万元，主要解决钢材的购入资金。

四、几项措施

（1）公司各部门及车间要对_____年财务计划进行认真讨论落实，作为全年奋斗目标。

（2）抓紧一切时间和机会进行_____年的采购和销售合同的签订落实。

（3）董事会具体落实增产增值增利润，节料、节电、节煤、节木、节水、节办公费用、节非生产人员、节运输费以及节省一切不必要的开支，严肃财经纪律，降低产品成本，提高企业管理水平。

（4）要求各部门每月××日向财务部门提出下月各类用款计划和经销收入计划，财务部门将各部门计划进行试算平衡，对计划执行中的问题提出具体意见。

（5）按季节进行财务计划执行情况分析，不断改进工作，堵塞漏洞，提出措施，保证_____年的财务计划全面实现。

××有限公司财务部
_____年___月___日

第29章 财务分析与评估文本

29-01 ××有限公司_____年财务分析报告

××有限公司_____年财务分析报告

在公司董事会的正确领导和全体员工的共同努力下，_____年我公司顺利实现预期经营目标，公司综合实力得到了很大的提高，公司综合竞争力大大加强。公司的经济形势很好，出现了产值、利润稳步增长的好局面，各项主要经济技术指标都创历史最高水平。现将其全面财务活动作如下的分析。

一、公司预计经济指标完成情况

工作量计划为____万元，实际完成_____万元，完成计划的____%，为去年的____%。

全员劳动生产率，计划为_____元，按同口径计算实际完成_____元，为计划的____%，为去年的____%。

工程优良品率，计划为____%。全年验收评定的单位工程个数____个，其中优良品____个，优良品率为____%，为计划的____%，为去年的____%。

降低成本率，计划为____%，实际完成____%，完成计划的____%，为去年的____%（去年为____%），即今年比去年提高了____%。

利润总额，计划为_____万元，实际完成_____万元，为计划的____%，为去年的____%，产值利润率计划为____%，实际完成____%，比计划提高了____%，比去年提高了____%。

产值资金率，计划为____%，实际完成____%，比计划节约了____%，与去年相同。

（一）施工生产计划完成情况

_____年我公司完成工作量_____万元，是我公司历史最高水平，但施工特点是施工点多线长、收尾工程较多、年初任务不足，这样全线施工面未能全面开展，因而上半年公司只完成工作量_____万元，仅占年计划的____%。下半年任务过重，但经过努力还是能超额完成全年计划。

（二）财务、成本计划完成情况

1.工程成本完成情况的分析

全年工程预算成本为_____万元，实际完成_____万元，降低_____万元，降低率____%，超额完成了计划，比计划提高了____%，比上年提高了____%。分析其原因，有两个方面，一方面是由于今年完成的工作量较上年有所增加；另一方面是改进安装工艺，大幅度提高了工作效率。

具体分析：本年由于多完成工作量，其单位成本下降，而增加的降低成本额有____万元，降低率比上年提高____%，相应增加的降低成本额为____万元。

从成本项目分析来看，管理费超支_____万元，其主要原因是施工点分散，外地工程多，差旅费支出较大，及非生产人员增多造成的。

2. 利润完成情况的分析

公司全年实现利润_____万元，超额完成了与总公司签订的经营承包合同规定的利润总额_____万元，超额____%，比上年增长____%，超过了产值增长的速度。这样，不仅为国家提供了较多的上缴税利，同时公司留利和职工个人收入也有了较大的增长。

_____年均利润及人均收入与上年对比见下表。

利润及人均收入对比表

项目	年	年	增长	%
人均利润	元	元	元	%
人均工资收入	元	元	元	%
其中：人均奖金	元	元	元	%

3. 流动资金运用情况的分析

全年定额流动资金平均占用额为_____万元，产值资金率为____%，比计划____%节约了____%，与上年相同。年末定额流动资产实际占用额为_____万元，比年初增加了_____万元，增加了____%。在年末占用额中，其中材料、低值易耗品等资产占用了_____万元，超占了____%，占用了专项资金。公司年末各项应交未交款项尚有_____万元，年末银行存款余额_____万元，不够交欠款，而应收工程款年末数额达_____万元，形成资金紧张，应采取措施压缩库存，抓紧收取工程款。

4. 专项资金收支情况的分析

更新改造基金：年初余额____万元，本年提取____万元，本年支出____万元，年末结余_____万元，减去未完工程占用的_____万元，实际结余_____万元。

大修理基金：年初余额_____万元，本年提取_____万元，本年支出_____万元，减去未完工程占用的_____万元，年末结余_____万元。

职工福利基金：年初余额_____万元，本年提取_____万元，本年支出_____万元，年末结余_____万元。

公司专项基金状况，总的来看是向好的方向发展，但是在职工福利基金中按工资总额____％提取的医药费始终发生超支，提取额为_____万元，而实际支出达_____万元，当年超支_____万元，比上年超支数又增加了_____万元。主要是医药费的管理上存在一些问题，患者用药存在浪费现象。

二、存在问题

通过分析，总的来看我公司_____年各项财务指标完成得比较好，但是从以上分析资料中，也可以看出我公司在管理工作上还存在一些薄弱环节和问题。

（1）施工任务多变，计划安排衔接不上，生产不够均衡，上半年完成工作量仅占全年实际完成工作量的____％，而下半年占____％，这说明全年的施工生产任务不够均衡。

（2）公司管理费发生超支_____万元，占预算成本的____％，应该引起重视。

明年是进行全面经济体制改革和"双增双节"运动的一年，我们将在新的一年里进一步搞活企业、搞活生产，把公司各方面的工作在现有的基础上提高到一个新的水平。

三、改进措施

（1）以改革的精神，层层全面落实经济承包责任制，继续实行按产值和利润双挂的工资基金含量包干办法。以不减国家税利为目标，公司及各部门、施工队都要实行包干。

（2）加强管理的基础工作，搞好单位工程管理，提高经济效益。各单位结合"双增双节"的要求，发动群众清仓挖潜制定规划措施，要在现有的管理上逐步运用现代化的科学管理方法，结合实际运用价值工程、目标成本管理、ABC管理法、电子计算机等。

（3）在资金管理上，要实行公司内部计息办法。为了解决公司与各单位，以及各单位之间相互拖欠款项，公司从_____年起采取欠款一律实行由拖欠单位按期向被欠单位支付利息的办法，用经济杠杆手段来促使各单位加强资金管理，积极收取工程款，减少资金占用，加速资金周转。

（4）要严格执行财经纪律，加强法制观念，坚决纠正新形势下所发生的新的行业不正之风，要学习各种法律，如《中华人民共和国合同法》《中华人民共和国会计法》，坚决依法办事。

××有限公司财务部

_____年____月____日

29-02 ××有限公司财务成本分析报告

××有限公司财务成本分析报告

　　根据市政府有关部门规定，我厂今年实行"国家征税、资金付费、自负盈亏"的经济责任制。半年来，通过增产增收措施，在提高劳动生产率、加速资金周转、增加盈利方面取得了比较理想的效果。根据我厂的具体情况，现将生产、利润、成本三方面的经济活动进行初步分析。

一、经济指标完成概况

　　1. 工业总产值：完成_____万元，为年计划的____%，比上年同期增长____%。

　　2. 产品产量：甲产品完成_____，为年计划的____%，比上年同期增产____%；乙产品完成____，为年计划的____%，比上年同期增产____%；丙产品完成_____，为年计划的____%，比上年同期增产____%；丁产品完成____，为年计划的____%，比上年同期增产____%。

　　3. 全员劳动生产率：为本年_____元/人，比去年同期提高____%。

　　4. 产品销售收入：实现_____万元，占工业总产值的____%，比上年同期上升____%。

　　5. 利润指标完成情况如下。

　　（1）实现利润总额：_____万元，为年计划的____%，比上年同期增长____%。

　　（2）应缴利税：_____万元，为年计划的____%，其中应缴所得税_____万元，资金占有费_____万元，已全部按期缴纳，应缴上年利润_____万元，已全部按期缴纳。

　　（3）企业留利：_____万元，比上年全年实际所得增长____%，其中，分配上年超收尾数_____万元。

　　6. 成本：全部商品总成本_____万元，比上年同期上升____%，百元产值成本_____元，比上年同期上升____%。

　　7. 资金：定额流动资金周转天数为____天，比计划加速____天，比上年同期加速____%。百元产值占用金额流动资金_____元，比上年同期下降____%。

　　定额流动资金平均占用金额_____万元，比上年同期下降_____万元。

　　在以上各项指标中，工业总产值、利润、资金周转已分别超过了历史最高水平。

二、生产任务完成情况分析

　　从产品结构变化看，具体见下表。

从产品结构看生产任务完成情况

产品名称	本年1~6月占比重	上年同期占比重	本年比上年
甲	%	%	%
乙	%	%	%
丙	%	%	%
丁	%	%	%
其他	%	%	%

从增产比重看,具体见下表。

从增产比重看生产任务完成情况

产品名称	比上年增产	占增产百分比
甲	元	%
乙	元	%
丙	元	%
丁	元	%
其他	元	%

从完成供货合同看,乙、丙产品均在____%以上,而甲仅完成____%。

以上数值表明,我厂上半年抓乙和丙的增产效果是好的,成绩是显著的,这两种产品产值的增长占全部增产的____%~____%。

甲产品虽然也有增产,但幅度不大,同年计划相比还未过半。在结构上,它在全厂产值中比例由全年____%下降到今年的____%,同时由于完成供货合同差,拖期交货情况较为突出,从而影响了经济效益的全面提高。我厂是专业××生产厂,如何组织好甲产品生产,按时保质地完成供货任务,不断满足市场需求,这是下半年摆在我厂面前极为重要的任务。

三、利润指标分析

今年比上年增长利润总额_____万元。

1.产品销售利润因素分析见下表。

产品销售利润因素分析

影响因素	单位	本年1~6月实际	年同期实际	本年比上年	影响利润部分
销售收入	元	元	元	元	元
销售成本率	%	%	%	%	%
销售现金率	%	%	%	%	%
销售利润率	%	%	%	%	%

2.其他销售利润及营外支出因素分析见下表。

其他销售利润及营外支出因素分析

影响因素	单位	本年1~6月实际	上年同期实际	影响因素
其他销售利润	元	元	元	元
营外支出	元	元	元	元
合计	元			

以上数据表明,今年我厂产品销售利润与上年相比是下降的。主要原因是销售税率的上升,今年工商税务改征增值税后,上半年我厂由于税率的上升,多缴税_____元,减利_____元,同时销售成本上升____%,减利_____元。但是,上半年我厂大抓了产品销售工作,同上年相比,增加销售收入_____元,收入增加使利润实现额上升_____元,增减因素相抵消后,净增利润_____元。因此今年利润总额上升的主要因素是销售收入的增长。同时要看到,虽然我厂今年在增产和销售上上升幅度较大,但是产品销售成本并没有下降,经济效益并没有提高,这就应进一步从产品成本上分析原因。

四、成本分析

成本分析具体见下表。

成本分析表

项目	单位	本年1~6月实际	上年同期实际	本期比上年
商品产值	万元	万元	万元	万元
全部商品总成本	万元	万元	万元	万元
百元产值成本	元	元	元	元
其中材料	元	元	元	元
工资	元	元	元	元
费用	元	元	元	元

以百元产值成本指标进行对比,可以大致说明我厂成本升降原因。增产、提高劳动生产率使百元产值中的工资成本相对下降,其中工资相对下降____%,费用下降____%。突出的因素是材料成本上升____%,从而抵消了工资、费用的下降,净升____%。

按产品类别分析单位产品材料成本,具体见下表。

平均单位产品材料成本

主要产品	单位	本年实际	上年实际	本年比上年
甲	元/套	元/套	元/套	元/套
乙	元/根	元/根	元/根	元/根
丙	元	元	元	元

从上表看出，每一种产品的原材料上升幅度都很大，其中甲产品每套上升_____元，乙产品每根上升_____元，丙产品每百元产值上升_____元，按总产量计算，共上升材料总成本为_____元。

××有限公司财务部
_____年____月____日

29-03　××有限公司财务统计分析报告

××有限公司财务统计分析报告

分析摘要：

　　××有限公司是我国大型××制造企业，按国际标准和国家最新技术标准，生产×××类型××、××、××等几个品种。经营管理情况复杂，工序环节多，产品结构变化大。我们利用填报的_____年××省投入产出调查表，合计××指标数值，以及已有的投入产出辅助成果，第一次把企业内部与企业外部的经济联络以及企业内部的经济关系全部反映出来，使我们详细系统地掌握了当年全部购入物资的来源与分配消耗构成。机床生产与社会各经济部门之间的经济联系和机床的销售去向确切地反映了固定资产和流动资金的增减变化情况，以及新创造价值的构成情况，并对企业经营管理活动进行了综合分析。

一、购入物资分析

　　_____年我有限公司购入的物资总金额中，省内产品占_____%，省外产品占____%，其他占_____%。在全部购入物资总额中，按工业部门划分，属于黑色金属冶炼加工的产品占_____%，电力工业占____%，煤炭和石油产品占_____%，建筑材料及建筑业产品占_____%。以上6个部门的工业产品占我有限公司购入物资的_____%，是我有限公司物资消耗的重点。特别是××金属的购入量占总金额的一半以上，说明我有限公司要搞好物资管理，应该在××金属的购入与管理方面狠下功夫，弄清与哪些物资部门有联系，确定合理的供货地，以减少运输费用。把这个重点抓住了，我有限公司物资管理的经济效益将会有显著提高。

二、物资消耗分析

在全年购入的物资总额中，物资消耗占____%，用于增加固定资产的占____%，其他占____%。从物资消耗的比重看，产品消耗占主要部分。再从工业生产物资实物量消耗分析看，在××生产过程中，直接消耗的物资主要有金属材料、燃料、动力和工具，其中钢材每天平均需要量为_____吨，燃料油_____吨，煤_____吨，电_____万度。按物资消耗量分析，在万元产值中，物资消耗总量为_____元，其中××金属加工业的产品为_____元，有色金属加工业的产品为_____元。从单位产品耗用量看，每台××产品平均投入××原料_____公斤，××原料_____公斤。

三、产出效益分析

_____年我有限公司生产××产品_____台，产值_____万元，出售半成品及工业性作业产值为_____万元，合计现价工业总产值为_____万元，创造工业净产值_____万元，占工业总产值的比重为____%，比上年提高了____%。主要是由于工业总产值比上年提高了____%，物耗只比上年提高了____%，同期净产值比上年提高了____%。万元产值的构成中，材料消耗为上年的____%，动力、燃料消耗为上年的____%，这两项指标说明由于产量的增长使万元产值中原材料比重降低，经济效益也比上年提高。

四、产出流向分析

_____年××产品产量____台，上年生产由用户退货____台，本年收入量合计为____台。本年销售量____台，按实物量计算商品销售率为____%。在销售产品中，售给本省的占____%，售给省外的占____%，出口的占____%，说明产品的覆盖面较大。通过上述分析，我们对全有限公司的耗用物资、货源构成、物耗去向，核算了大量的系数，这对确定企业的中长期计划有重要的作用。如_____年确定机床产值_____万元，根据测算系数，需要钢材_____吨，实际耗用量为_____吨，这是由于钢材利用率提高了____%，节约钢材_____吨。系数测算与实际耗用的误差率为____%，预计经过几年的实际测算和系数的调查，将对计划的编制起到更大的作用。

××有限公司
_____年____月____日

29-04　××项目经济评估报告

××项目经济评估报告

一、项目概述

公司投资新建A产品生产线，其可行性研究已完成市场需求预测、生产规模、工艺技术方案、建厂条件和厂址选择、环境保护、工厂组织和劳动定员以及项目实施规划诸方面的研究与多方案比较。本项目财务分析的编制依据为《建设项目经济评价方法与参数》和国家现行的财税政策、会计制度和相关法规。

二、基础数据

（一）计算期

包括建设期以及生产经营期，建设期2年，生产期12年。

（二）生产规模与产品方案

项目生产A产品，设计生产能力为_____万平方米/年，销售单价（不含税）为_____元/平方米；到第三年达到设计能力的____%，到第四年达到设计生产能力。

（三）总投资估算及资金来源

项目总投资使用计划见下表。

项目总投资使用计划表

序号	项目	合计	计算期				
			1	2	3	4	5~14
1	总投资						
1.1	建设投资						
1.2	建设期利息						
1.3	流动资金						
2	资金筹措						
2.1	项目资本金						
2.1.1	用于建设投资						
2.1.2	用于流动资金						
2.1.3	用于建设期利息						
2.2	债务资金						
2.2.1	用于建设投资						
2.2.2	用于建设期利息						
2.2.3	用于流动资金						
2.3	其他资金						

（1）项目建设期投资估算。建设投资为____万元，其中开办费用为____万元。第一年投资____万元，第二年投资____万元。第一年投资中资本金占____万元，其余投资（包括第二年）全部为贷款，贷款年利率为____%。

（2）项目建设期利息估算。建设期利息第一年为_____万元，第二年为_____万元，合计_____万元。

（3）流动资金估算。所需流动资金全部由银行贷款，年利率为____%。经估算流动资金投资总额为____万元，其中投产第一年为____万元，投产第二年为_____万元。

三、财务评估

（一）营业收入、营业税金及附加及增值税评估计算

产品增值税税率__%，城市维护建设税、教育费附加分别为增值税的__%与__%，所得税为__%。年营业收入和年营业税金及附加见下表。

营业收入、营业税及附加增值税估计表

序号	项目	合计	计算期						
			1	2	3	4	5	…	14
1	营业收入								
1.1	单价								
1.2	产量								
2	营业税金及附加								
2.1	城市维护建设税								
2.2	教育费附加								
3	增值税								
3.1	销项税额								
3.2	进项税额								

（1）营业收入估算。预测到计算期期末营业收入为_____万元。

（2）营业收入及附加。预测到计算期期末营业收入及附加为_____万元。

（3）增值税。预测到计算期期末增值税合计为_____万元。

（二）产品成本评估计算

总成本费用估算具体见下表。

总成本费用估算

序号	项目	合计	计算期						
			1	2	3	4	5	…	14
1	外购原材料费								
2	外购燃料及动力费								
3	工资及福利费								
4	修理费								
5	其他费用								

续表

序号	项目	合计	计算期						
			1	2	3	4	5	…	14
6	经营成本（1+2+3+4+5）								
7	折旧费								
8	摊销费								
9	利息支出								
9.1	长期借款利息								
9.2	流动资金借款利息								
9.3	短期借款利息								
10	总成本费用（6+7+8+9）								
	其中：可变成本								
	固定成本								

（1）经营成本估算。产品售价以市场价格为基础，单位产品经营成本见下表。

经营成本估算表

费用项目	材料费	燃料及动力费	工资及福利费	修理费	其他费用
单位经营成本					

预计到计算期期末经营成本合计_____万元。

（2）折旧费估算。固定资产折旧费用估算见下表。建设投资借款利息全部计入固定资产原值中，固定资产折旧采用直线折旧法测算，综合折旧率为____%。固定资产原值预测为____万元，计算期期末净残值____万元。折旧费用共计____万元。

固定资产折旧费用估算表

项目	计算期						
	1	2	3	4	5	…	14
原值							
折旧值							
净值							
折旧率							

（3）无形及其他资产估算。无形资产和其他资产摊销费估算见下表。建设投资中的开办费投产后形成其他资产，从投产年份开始分8年摊销。开办费即摊销费为____万元。

无形资产和其他资产摊销费估算表

序号	项目	计算期										
		1	2	3	4	5	6	7	8	9	10	11～14
1	摊销年限											
2	原值											
3	当期摊销费											
4	净值											

（4）支出（流动资金利息、建设投资借款利息）借款还本付息见下表。流动资金借款于计算期期末偿还，建设投资借款（包括建设期利息）按照等额本金法6年偿还。流动资金借款年利率为____%，流动资金借款利息合计_____万元。建设投资本息合计_____万元，其中本金_____万元，利息合计_____万元

借款还本付息表

序号	项目	合计	计算期								
			1	2	3	4	5	6	7	8	9～14
	借款										
1	期初借款余额										
2	当期借款										
3	当期应计利息										
4	当期还本付息										
	其中：还本										
	还息										
5	期末借款余额										

（5）可变成本和固定成本。可变成本包括外购原材料、外购原料及动力费。固定成本包括总成本费用中除可变成本外的费用。可变成本合计_____万元，固定成本合计_____万元。

（三）盈利能力及偿债能力评估分析

1.融资前评估分析

项目投资现金流量表（见下表），根据该表可计算的评价指标为项目投资财务内部收益率为____%（所得税前），项目投资财务净现值（i_c=10%）（所得税前）为_____万元；项目财务内部收益率为____%（所得税后），项目投资财务净现值（i_c=10%）（所得税后）为_____万元。项目财务内部收益率大于基准收益率，说明盈利能力满足了行业要求，项目财务净现值大于零，该项目在财务上是可以接受

的。项目投资静态回收期为_____年（所得税前），_____年（所得税后）；项目投资动态回收期为_____年（所得税前），_____年（所得税后）。

项目投资现金流量表

序号	项目	合计	计算期				
			1	2	3	…	14
1	现金流入						
1.1	营业收入						
1.2	回收固定资产余值						
1.3	回收流动资金						
2	现金流出						
2.1	建设投资						
2.2	流动资金						
2.3	经营成本						
2.4	营业税金及附加						
3	所得税前净现金流量（1-2）						
4	累计所得税前净现金流量						
5	调整所得税（息税前利润×25%）						
6	所得税后净现金流量（3-5）						
7	累计所得税后净现金流量						

2.融资后分析

（1）项目资本金现金流量表（见下表），根据该表计算资本金财务内部收益率为____%。

项目资本金现金流量表

序号	项目	合计	计算期						
			1	2	3	4	5	…	14
1	现金流入								
1.1	营业收入								
1.2	回收固定资产余值								
1.3	回收流动资金								
2	现金流出								
2.1	项目资本金								
	其中：建设投资								
	流动资金								
	建设期利息								

续表

序号	项目	合计	计算期						
			1	2	3	4	5	…	14
2.2	借款本金偿还								
	其中：建设投资								
	流动资金								
	短期借款								
2.3	借款利息支付								
	其中：建设投资								
	流动资金								
	短期借款								
2.4	经营成本								
2.5	营业税金及附加								
2.6	所得税								
3	净现金流量（1-2）								

（2）根据利润与利润分配表（见下表）、项目总投资使用计划表计算总投资收益率为_____%，以及项目资本金净利润率为_____%。

利润与利润分配表

序号	项目	合计	计算期						
			1	2	3	4	5	…	14
1	营业收入								
2	营业税金及附加								
3	总成本费用								
4	利润总额								
5	所得税								
6	净利润								
7	息税前利润（利润总额+利息支出）								
8	息税折扣摊销前利润（息税前利润+折扣+摊销）								

（3）根据利润与利润分配表、总成本费用估算表可以计算出利息备付率为____%，偿债备付率为____%。

四、评估结论和建议

财务评估结论详见财务评估结论汇总表（见下表）。从主要指标上看，财务评估结果均可行，而且生产的产品是国家急需的，所以项目是可以接受的。

财务评价指标一览表

序号	项目	比较基准	调整所得税前	调整所得税后	息税后
1	项目财务内部收益率/%				
2	资本金财务内部收益率/%				
3	项目财务净现值/万元				
4	静态投资回收期/年				
5	动态投资回收期/年				
6	总投资收益率/%				
7	项目资本金净利润率/%				
8	借款偿还期/年				
9	利息备付率/%				
10	偿债备付率/%				

29-05 ××有限公司财务评价报告

××有限公司财务评价报告

_____年，我公司按照"务实、创新、提高、发展"的宗旨，积极上进，不断开拓，及时紧抓改革开放的有利契机，全面发挥企业的技术优势，形成从建筑工程设计、施工到建筑材料用品配套供应"一条龙"服务的经济实体，全年为国内外客户装修了××项工程，取得了较好的经营业绩。

一、盈利能力分析

_____年，公司的工程结算收入共达_____万元，比上年的_____万元增加了____%；实现利税_____万元，比上年的_____万元增加了____%。据此计算，销售利税率达到____%，比上年的____%提高了____个百分点；资本金利润率达到____%，比上年的____%提高了____个百分点；资产报酬率达到____%，比上年的____%提高了____个百分点。具体见下表。

这表明，企业的盈利能力已比前两年有较大的提高，但与同行业中某些高效益的大型装饰工程企业相比，本公司仍未摆脱"低效益"的局面。

盈利能力对比分析表

项目	_____年	_____年
（1）销售利税率/% 利税总额/万元 工程结算收入/万元		
（2）资本金利润率/% 利润总额/万元 资本金总额/万元		
（3）资产报酬率/% 利润总额/万元 平均资产/万元		
（4）资产净利率/% 税后利润/万元 资产总额/万元		

二、营运能力分析

_____年，公司通过提高机械化作业水平，加快施工进度，缩短工期，控制、压缩存货，减少资金占用和损失浪费，企业营运资本周转率和存货周转率都有一定的提高。

（一）营运资本周转率

公司本年的营运资本为_____万元，比上年的_____万元增加____%；营运资本周转率为____次，比上年的____次提高了____次。具体见下表。

营运资本周转率对比分析表

项目	_____年	_____年
工程结算收入/万元 年初营运资本/万元 年末营运资本/万元		

上年营运资本周转率＝工程结算收入÷（年初营运资本＋年末营运资本）÷2＝____次。

本年营运资本周转率＝____次。

（二）存货周转率

公司本年的存货周转率达到____次，比上年____次提高了____次；存货周转天数已由上年的____天缩为____天，缩短了____天。具体见下表。

存货周转率对比分析表

项目	＿＿＿＿年	＿＿＿＿年
存货周转率/次 销货成本/万元 平均存货/万元		

上年存货周转天数=360÷存货周转率=＿＿＿＿天。

本年存货周转天数=＿＿＿＿天。

三、偿债能力分析

＿＿＿＿年，由于公司的盈利增多，负债减少，企业的偿债能力也有明显的变化。

（一）长期偿债能力

截至年末，公司的资产总额为＿＿＿＿万元，比上年的＿＿＿＿万元增加了＿＿＿＿%；负债总额为＿＿＿＿万元，比上年略有减少。按此计算，资产为负债的＿＿＿＿倍，资产负债率已由上年的＿＿＿＿%降至＿＿＿＿%。这表明，公司的长期偿债能力较强、负债经营的程度也是不高的。具体见下表。

长期偿债能力对比分析表

项目	＿＿＿＿年	＿＿＿＿年
资产负债率/% 负债总额/万元 资产总额/万元		

（二）短期偿债能力

截至年末，公司的流动比率为 $X：Y$，速动比率为 $A：B$，均比上年有较大的提高，并已达到正常的比值。具体见下表。

短期偿债能力对比分析表

项目	＿＿＿＿年	＿＿＿＿年
（1）流动比率		
流动资产/万元		
流动负债/万元		
（2）速动比率		
速动资产/万元		
流动负债/万元		

总之，通过上述的数量分析，企业＿＿＿＿年内具有的运营能力、偿债能力和盈利能力等都达到了优良企业的标准。

××有限公司财务部

＿＿＿＿年＿＿月＿＿日

第30章 财务报告文本

30-01 ××公司往来账款日常控制报告

××公司往来账款日常控制报告

总公司：

　　根据公司关于加强往来账款日常控制的通知精神，我公司加强了对往来账款的日常控制工作，现将一年来对往来账款的日常控制情况报告如下。

　　一、基本情况

　　公司年末往来账款金额_____万元，较年初减少_____万元，其中应收账款余额_____万元，较年初减少_____万元，应付账款余额_____万元，较年初减少_____万元。应收账款周转率____%，比上年减少____%，应收账款周转天数为____天，比上年减少____天。

　　二、加强日常控制措施

　　1.制定信用政策

　　往来账款的日常控制中，我们注意掌握顾客的信用资料，根据客户的品质、还债能力、资本实力和客户在市场上的竞争能力，对客户的信用状况作出综合评定，评定客户在市场的竞争能力等，对客户的信用状况作出综合评定，评定客户信用等级，并根据客户的信用等级结合本企业产销能力和风险承担能力，制定本企业的信用政策，作为对往来账款进行规划和控制的原则。

　　2.加强了应收账款的催收工作

　　除制定信用政策和管理制度作为往来账款的控制原则外，我们还加强了对应收账款的催收工作，建立了一个能够及时提供应收账款最新情况的管理信息系统，财会部门定期编制"往来账款分期明细表"全面提供往来账款增减变化及构成情况，以便及时掌握和清算。制定了合理的收账政策，对发生的应收账款进行及时催收。在收账程序上一般采取信函通知、电话催收、派员催收和通过法律手段等。

　　3.建立、健全往来账款的结算管理制度

　　一是建立定期的往来款项审核制度，定期对往来款项进行会审检查；二是建立定期的对账制度，通过定期发函与往来单位进行逐笔核对；三是建立往来账款的审批制度，对购销活动，必须按照计划，实行合同管理，有明确的标的、价格、数量、结算方式、结算时间以及违约责任，并经有关部门及领导批准；四是及时准确地做好往来账款的财务处理，避免造成呆账坏账损失。

　　总之，一年来公司加强对往来账款的日常控制工作，取得了较好的成绩，没有发生大的呆账坏账损失，往来账款余额中没有长期不清的往来款项，往来账款余额控制在合理的范围之内。

××有限公司财务部
_____年___月___日

30-02　××有限公司资产周转报告

××有限公司资产周转报告

总经理：

　　按照您的指示，现将本公司_____年度资产周转情况报告如下。

　　_____年，由于进出口服装增加，产品销售收入上升幅度较大，负债减少，公司资产周转率比上年有较大的提高。

一、总资产周转率

　　_____年，公司产品销售净额已达_____万元，比上年的_____万元增长____%。总资产平均余额为_____万元，比上年的_____万元减少____%。故而总资产周转率已由上年的____%提高到____%。

　　_____年总资产周转率：____次。

　　对_____年公司总投资周转率提高的情况若加以具体分析，大致情况是：受服装销量增多的影响，总资产周转率提高____%。

　　_____年总资产周转率：____%。

　　总差异：____%。

二、固定资产周转率

　　_____年，本公司固定资产平均净产值为_____万元，比上年的_____万元减少____%。在产品销售净额有较大增加的情况下，公司本年的固定资产周转率比上年的____次增加了____次。

　　_____年固定资产周转率：____次。

　　上年固定资产周转率：____次。

三、流动资产周转率

　　_____年，公司流动资产平均余额为_____万元，比上年的_____万元增长_____%，但因产品销售净额增长幅度大，故而公司的流动资产周转率仍然达到____次，比上年的____次提高了____次。

　　_____年流动资产周转率：____次。

上年流动资产周转率：____次。

上述三方面数据表明，_____年本公司在运用现有资产增产增效方面已经取得了较好的成效，但从流动资产的周转情况来看，则没有达到预期的目标，这主要是受应收账款余额和存货增长的影响所致。如果流动资产周转率能进一步提高，公司的资产周转速度还可以进一步提高。

××有限公司财务部

_____年____月____日

30-03　××公司资产清查工作报告

××公司资产清查工作报告

单位名称（盖章）：
单位负责人（签字）：
单位资产清查领导小组组长（签字）：
单位财务负责人（签字）：

_____年____月____日

××市行政事业单位资产清查工作小组办公室：

根据《××市行政事业单位资产清查工作方案》和《关于在全市范围内开展行政事业单位资产清查工作的通知》的要求，我们对本单位进行资产清查。现将有关资产清查情况报告如下。

一、资产清查基本情况

（一）单位情况概要

本单位成立于_____年_____月，属于行政事业单位，主管部门是_____，法定代表人是_____，法定地址为_____，人员编制_____人，在编干部职工_____人，实有人员（含临时工）_____人。单位主要职能为_____。

（二）工作基准日

本单位资产清查工作基准日是_____年12月31日。

（三）资产清查工作范围

本次资产清查的工作范围是：本单位及未单独核算、与本单位合并填报报表的单位_____个，分别为_____。

不列入此次清查范围，但由本单位填报有关数据单位_____个，分别为_____。

（四）清产核资工作具体实施情况

1.本次清产核资工作的主要内容

基本情况清理、账务清理、财产清查、完善制度。

2.资产清查的组织工作

本单位成立了资产清查工作小组，统一组织实施本单位资产清查工作。小组成员包括：组长_____，副组长_____，成员_____。

3.资产清查工作程序

（1）制定本单位资产清查工作方案，组织学习有关政策，研究工作报表，做好人员分工。

（2）对本单位户数、编制和人员状况等基本情况进行全面清理。时间安排：____月____日至____月____日。

（3）进行账务清理、财产清查，时间安排：____月____日至____月____日。组织人员输入固定资产电子卡并进行核对，时间安排：____月____日至____月____日。

（4）导入资产清查报表，分析资产清查结果。

（5）撰写资产清查工作报告，上报有关数据。

（6）工作总结和完善单位资产管理方面制度。

4.其他工作情况

（略）。

二、资产清查工作结果

（一）资产清查结果

通过对本单位_____年12月31日会计报表及资产损益情况的清查，本单位资产总额账面值为_____元，清查值为_____元；负债总额账面值为_____元，清查值为_____元；净资产总额账面值为_____元，清查值为_____元。

（二）会计差错调整情况

截至_____年12月31日，本单位会计账中资产总额账面值为_____元，资产清查报表中资产总额账面值为_____元，差额_____元，属于会计差错调整。具体情况为：_____。

三、重要事项说明

（一）资产损益及资金挂账情况

本单位此次资产清查中，资产损失_____元，占资产账面值的_____%。主要包括流动资产损失_____元、固定资产损失_____元、对外投资（有价证券）损失_____元、无形资产损失_____元、其他资产损失及资金挂账等_____元。具体损失原因分别为_____。

（二）资产盘盈情况

本单位此次资产清查中，资产盘盈_____元，占资产账面值的_____%。

主要包括流动资产盘盈_____元、固定资产盘盈_____元、无形资产盘盈_____元、其他资产盘盈等_____元。具体盘盈原因及入账、计价情况分别为_____。

（三）关于土地使用权情况的说明

（略）。

（四）单位申报处理的资产损益

本单位在此次资产清查中共申报处理资产损失_____元，申报处理的损失资产占单位资产总额账面值的_____%，其中流动资产损失_____元、固定资产损失_____元、对外投资损失_____元、无形资产损失_____元、其他资产损失_____元。

本单位在此次资产清查中共申报处理资产盘盈_____元，申报处理的盘盈资产占单位资产总额账面值的_____%，其中流动资产盘盈_____元、固定资产盘盈_____元、对外投资盘盈_____元、无形资产盘盈_____元、其他资产盘盈_____元。

四、资产清查工作中发现存在的问题及改进的措施

（一）存在的资产管理问题及产生的原因

（略）。

（二）存在的财务管理问题及产生原因

（略）。

（三）相应的改进措施

（略）。

五、备查材料

（1）单位_____年度结转后资产负债表。

（2）土地、房屋建筑物产权证明资料（复印件）。

（3）土地、房屋建筑物分布、使用状况及经营情况书面说明材料。

（4）_____年市审计局出具年度审计报告或委托社会中介机构审计报告。

（5）资产损益证据。单位申报的各项资产盘盈、资产损失和资金挂账，必须提供具有法律效力的外部证据、社会中介机构的经济鉴证证明和特定事项的单位内部证据。

1.具有法律效力的外部证据

□ 单位的撤销、合并公告及清偿文件

□ 政府部门有关文件；司法机关的判决或者裁定

□ 公安机关的结案证明

□ 工商管理部门出具的注销、吊销及停业证明

□ 专业技术部门的鉴定报告

□ 保险公司的出险调查单和理赔计算单

☐ 企业的破产公告及破产清算的清偿文件
☐ 符合法律规定的其他证明等

2. 社会中介机构的经济鉴证证明

☐ 会计师事务所
☐ 资产评估机构
☐ 律师事务所
☐ 专业鉴定机构

3. 特定事项的单位内部证据

☐ 有关会计核算资料和原始凭证
☐ 单位的内部核批文件及情况说明
☐ 资产盘点表；单位内部技术鉴定小组或内部专业技术部门的鉴定文件或资料；因经营管理责任造成的损失的责任认定意见及赔偿情况说明；相关经济行为的业务合同等

×××单位
_____年____月____日

30-04 ××股份有限公司财务中期报告

××股份有限公司财务中期报告

本公司董事会愿为本报告内容的真实性、准确性和完整性负共同及个别责任，并确信未遗漏致使本报告含有误导成分的重大事项。本报告内容由本公司董事会负责解释。

一、财务报告

（一）简化的财务报表（见表1、表2，未经会计师事务所审阅）

表1　资产负债表（简化且未经审计）

××股份有限公司　　　　　　　_____年____月30日　　　　　　　　　　单位：元

摘要	_____年6月30日	_____年12月31日
日流动资产		
长期投资		
固定资产净值		
在建工程		
无形资产及其他资产		
资产总计		

续表

摘要	＿＿＿年6月30日	＿＿＿年12月31日
短期负债		
长期负债		
股东权益		
少数股东权益		

表2　利润表（简化且未经审计）

××股份有限公司　　　＿＿＿年1月1日至6月30日　　　　　　　　　　　单位：元

摘要	＿＿＿年1~6月	＿＿＿年1~6月
月主营业务收入		
主营业务利润		
其他业务利润		
投资收益		
利润总额		
应交所得税		
税后利润		
每股收益Ⅰ		
每股收益Ⅱ		
每股净资产		
净资产收益率		

（二）财务报表注释

（1）公司执行的会计政策和方法，与上一年度报告相比，没有重大改变。

（2）＿＿＿年上半年本公司主营业务利润比去年同期下降＿＿＿%，主要原因如下。

——市场竞争加剧，原材料价格大幅上升以及部分产品价格下调。

——与去年同期相比，外汇价差减少，财务费用相对增加。

（3）截止到＿＿＿年6月30日，本公司股本总额为＿＿＿亿股，比年初增加＿＿＿亿股，主要是本公司上半年实施配股所致。配股后的股权结构为：国家股＿＿＿%，社会公众股＿＿＿%，公司职工股＿＿＿%，法人转配股＿＿＿%。

（4）截至＿＿＿年6月30日，本公司尚余分配利润＿＿＿亿元，其中＿＿＿年以前未分配利润为＿＿＿亿元，按照本公司股东大会决议精神，此部分利润在送股结束后将转作任意盈余公积金。

二、经营情况的回顾与展望

（一）上半年经营情况回顾

＿＿＿年上半年，公司继续转换经营机制，以增强企业活力，提高经济效益，在以医药业作为龙头产业的同时，积极稳妥地挖掘公司在房地产、金融、进出口业务方面的潜力。上半年,医药主业根据市场需要进行了产业结构调整,研究所把一些投资少、效益好的品种调到前边并加快了课题开发的进度,以提高经济效益。

　　上半年获得批文的产品已有____个,取得了较好的经济效益。在股票、期货等金融业务方面,面对股市低迷的局面,投资公司能够抓住时机,及时调整投资结构,上半年在金融业务方面获利____万元左右。

　　(二)下半年计划

　　(1)狠抓新产品开发、生产、销路,以××系列为新龙头,尽快形成新的效益支持品种。

　　(2)狠抓产品质量。质量是效益的基石,要培养员工"无质量就无效益"的思想,把退货减少到最低限度。

　　(3)抓好老产品的换挡升级工作,把合理提价融入换挡升级工作中。

　　(4)理顺经营、生产、供应、财务部门的合作关系,减少内耗。

　　(5)狠抓经营工作,理顺经营部对驻外办事处的管理,调动销售人员的积极性,搞好新药的促销工作,抓紧货款的回收。

　　(6)继续抓紧房地产的建设及售房工作,尽快形成效益。

　　(7)尽快完善金融证券业务,抓好股票、期货等方面的投资工作,并配备高素质人员,使投资公司的盈利能力逐年增大。

　　三、发行在外股票的变动和股权结构的变化

　　(1)根据股东大会决定,并报××市证券委员会、××市国有资产管理办公室、中国证券监督管理委员会批准,公司于_____年____月按每10股配售1.5股的比例向全体股东配股,其中国有股股东放弃配股权,以每张权证____元转让费有偿转让给社会公众股东。至_____年____月____日止,实际配股____万股,其中,社会公众股及公司员工股配股____万股,国家股转配____万股,共计募集人民币____万元,扣除配股承销费用人民币____万元,实际股款人民币____万元。

　　(2)本次配股计划募集资金收入约折人民币____万元(未扣除费用),本公司有意将该募集款作如下用途(略)。

　　(3)截止到_____年6月30日,本公司股本结构见下表。

公司股本结构　　　　　　　　　　　　　　　　　　　单位:万股

股票类别	_____年12月31日	_____年6月30日
(1)尚未流通股份		
A.国家股	18000(62.5%)	18000(58.18%)
B.国家股转配		29.28(0.09%)
C.内部职工股	1800(6.25%)	517.55(1.67%)
尚未流通股份合计	19800(68.75%)	18546.83(59.95%)
(2)已流通股份A股	9000(31.25%)	12390.72(40.05%)
(3)股份总额	28800(100%)	30937.55(100%)

（4）前10名最大股东名单（截至_____年6月30日）见下表。

前10名最大股东名单

股东名称	股份/万股	比例
××市国有资产管理办公室	18000	58.18%
×××有限公司	500	1.62%
×××	131	0.42%
××证券	100	0.32%
×××	96.07	0.31%
×××	81.39	0.26%
×××	80.08	0.26%
×××	79.07	0.26%
×××	76	0.25%
×××	65.636	0.21%

四、重大事件揭示

（1）本公司_____年度股东大会于_____年____月____日上午在企业集团员工之家三楼召开。股东大会决议刊登于《××时报》《××证券报》。

（2）本公司股东大会通过的配股计划经中国证券监督管理委员会复审通过，于_____年____月____日完成，社会公众股配股部分已于_____年____月____日上市交易。

（3）本公司内部员工股____万股，于_____年3月10日上市交易。

（4）_____年度股东大会决议通过的_____年度分红方案为：每10股普通股送1股红股，分红派息工作于_____年7月份完成，所送红金中可流通部分的1242万股已于_____年7月13日上市交易。

（5）本报告期内无重大诉讼及仲裁事项。

五、备查文件

（略）。

××股份有限公司董事会
总经理：×××
_____年____月____日

30-05 ××公司年度财务报告

××公司年度财务报告

重要提示：

本公司董事会愿就本报告所载资料的真实性、准确性和完整性负共同及个别责任，并确信未遗漏任何致使本报告内容有误导成分的重大事项。本报告内容由本公司董事会负责解释。

一、公司简况

（略）。

二、近3年财务指标

近3年财务指标具体见下表。

近3年财务指标

指标	单位	____年	____年	____年	____年比____年
营业收入	万元				
其中：主营业务收入	万元				
利润总额	万元				
税后利润	万元				
资产总额	万元				
股东权益	万元				
每股净资产	元				
每股收益（加权平均）	元				
每股收益（年末股本）	元				
每股红利	元				
股东权益比率	%				
净资产收益率	%				

三、年度分配情况

本公司董事会经研究决定，建议_____年度的利润分配及分红方案如下。

（1）法定公积金10%，公益金10%，分红80%。

（2）每10股送红股2股，派现金红利0.70元。分红不足部分由资本公积金转入。以上方案尚需经股东大会表决通过，分红方案尚需报有关主管部门批准后生效。

四、业务回顾

1. 一年来经营业绩

_____年,在公司全体员工的共同努力和全体股东的大力支持下,公司以市场为导向,根据市场要求,积极调整产品结构,开发新产品,落实贷款催收责任,狠抓产品质量和公司内部各项基础管理工作,实现了经济效益的较大幅度增长,完成税后利润×××万元,达到盈利预测值的100%。在_____年度中国500家最大工业企业及行业50家企业评价中,本公司位于"中国××制造业最佳经济效益企业"第××位,"中国××最大工业企业"第××位,"中国××最佳经济效益工业企业"第××位。公司产品在_____年国际中、小企业新产品、新技术展览会上荣获金质奖。

产品的销量逐年上升,与去年相比,增幅最高达到40%;不仅如此,全员劳动生产率(按工业增加值计)也比上年增长25%;各项产品质量稳定;公司未发生重大安全事故。

2. 实际经营与盈利预测对比

具体指标见下表。

实际经营与盈利预测对比

指标	单位	年完成	年计划	比计划
主营业务收入(不含税)	万元			
主营业务利润	万元			
投资收益	万元			
利润总额	万元			
上交所得税	万元			
税后利润	万元			
每股收益(加权平均)	元			
每股收益(年末股本)	元			

五、对前次募集资金的运用情况的说明

_____年____月我公司股票上市发行,实际募集资金包括另两家发起人××、××共_____万元。公司在多方位、多渠道利用好募集的同时,还积极认真、实事求是地按招股说明书确定项目开展工作,说明如下。

投资_____万元用于扩大现有产品生产能力项目,至_____年底,实际投入_____万元,其中用于质检培训中心的有_____万元。

投资_____万元兴建综合车间项目。自_____年底开始动工兴建,已投入资金_____万元兴建××车间项目,并与台方合资建立"××有限公司"以扩大规模。

××大厦和地下停车场投资项目。经董事会研究决定,从宏观调控大局考虑,

结合我公司实际情况,暂缓该项目的建设,将资金投入上述其他项目以获取效益。

六、股本变动情况

（一）股本结构

具体见下表。

股本结构

股份类别	年初数	占总股本/%	年末数	占总股本/%
Ⅰ尚未流通股				
1.发起人股				
其中： 国家股 境内法人股				
2.募集法人股				
3.内部职工股				
尚未流通股合计				
Ⅱ已流通股				
A股				
已流通股份				
Ⅲ股份总数				

（二）持有本公司发行在外普通股的前10名最大股东持股情况和比例

具体见下表。

前10名最大股东持股情况

股东名称	持股数/万股	占总股本/%

（三）董事、监事及高级管理人员变更情况及持股情况

公司第八次董事会决定，×××不再任××实业股份有限公司董事，同时辞去董事长职务，并一致推选公司总经理×××担任董事长，空缺董事由以后股东大会确认。

公司其他高级管理人员_____年度内无变更情况。

本公司原_____万职工内部股，经有关部门批准，除公司董事、监事及高级管理人员中7名持股者所持有的_____万股外，企业的_____万股，已于_____年7月中旬上市交易。

七、重要事项

本报告期内本公司无重大诉讼、仲裁事项。

_____年__月__日本公司董事会制定了____年度配股方案，每10股配____股，配股价暂定为_____元左右，确切价格待实施配股方案时再视行情确定。

本方案尚需经股东大会表决，报政府有关部门审批，并经中国证券监督管理委员会复审后，方可实行。

八、业务展望

（1）继续抓紧完成以下投资项目。

——新建质检培训大楼。

——新建综合车间。

——与外方合资生产××。

——根据××技术研究中心的实际情况，计划投资____万元资金，逐步扩大规模。

（2）继续加强全面质量管理，进一步深入贯彻落实GMP认证工作，深入宣传贯彻行业管理系列标准。根据现代企业制度的要求，强化企业管理，做好各项基础工作，做到向管理要效益。

（3）狠抓经营，进一步加强销售，调整产品结构，积极开拓市场，落实货款回笼。

（4）结合市场需求，多途径、多方位抓好新产品的研制开发，以及老产品的技术和用途方面的研究工作，同时加强与我省边境地区的合作，开发利用好资源。

九、其他事项

1.公司基本资料

（略）。

2.公司资料查询情况

（略）。

十、经有关从事证券业务资格的会计师事务所审计的资产负债表、利润表和重要的财务报表附注说明

（一）审计报告

（略）。

（二）资产负债表、利润及利润分配表、财务状况变动表

（略）。

（三）财务报表附注说明

（略）。

1. 主要会计政策

（略）。

2. 变化较大的资产、负债项目说明

（略）。

3. 经营业绩

（略）。

4. 主要税项

（略）。

××股份有限公司董事会

_____年__月__日